재채기하다
　　　　갈비뼈가 부러졌을 때
　　깨달은 것들

Aua! Die Geschichte meines Körpers by Axel Hacke
ⓒ Axel Hacke 2024
Korean Translation ⓒ 2025 by BOOK 21 Publishing Co., Ltd.
All rights reserved.
The Korean language edition is published by arrangement with
Marcel Hartges Literatur- und Filmagentur through MOMO Agency, Seoul.

이 책의 한국어판 저작권은 모모 에이전시를 통해
Marcel Hartges Literatur- und Filmagentur와의 독점 계약으로 ㈜북이십일에 있습니다.
저작권법에 의해 한국 내에서 보호를 받는 저작물이므로 무단전재와 무단복제를 금합니다.

재채기하다 갈비뼈가 부러졌을 때 깨달은 것들

악셀 하케 지음
배명자 옮김

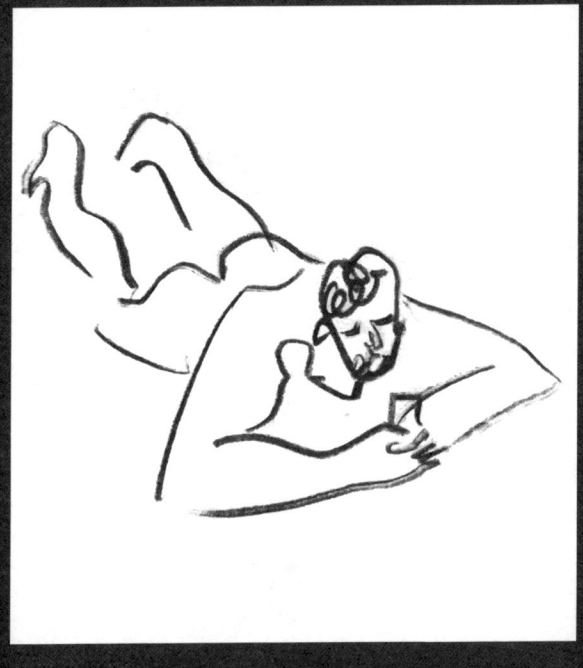

21세기북스

일러두기
- 원서에서 단순 강조로 사용된 이탤릭은 작은따옴표로, 대문자로 강조된 것은 고딕으로 표기했다.
- 역주는 본문 하단에 각주로 달았다.
- 한국어로 소개된 작품은 그 제목을 따랐고 그 외의 경우는 우리말로 옮긴 뒤 원어를 병기했다.
- 단행본은 『 』로, 주간지 및 월간지는 《 》로, 그 외 단편글과 시 혹은 영상 및 미술 작품은 〈 〉로 표기했다.

아내를 위해
Für Ursula

들어가는 글

오래된 사진첩을 펼쳤다.

까만 머리가 빽빽한 아기가 화사한 담요에 누워 있다. 아기는 눈을 말똥말똥하게 뜨고 카메라를 빤히 바라본다.

다른 사진에서는 긴 곱슬머리의 아기가 장난감을 들고 법랑 욕조에 앉아 있다.

또 다른 사진에서는 두 살 반 된 어린아이가 셔츠만 입은 채 잔디밭을 아장아장 걷고 있다. 그의 '필러맨pillermann'도 보인다. 1950년대에 우리 집에서는 남자아이의 성기를 그렇게 불렀더랬다. 당연히 남성명사로 썼고 필러맨이, 필러맨의, 필러맨에게, 필러맨을 등 자유롭게 활용했다.

'아, 옛날이여. 그땐 그 시절이 영원할 줄 알았지.'

사진 속 아이는 나다.

사진 속 아이는 나였다.

사진을 보고 있는 지금의 나는 68세다. 키 182센티미터. 40년 전에는 184였으니 2센티미터가 줄었다. 나이가 들수록 디스크가 얇아지기에 자연스러운 일이다. 몸무게는 86킬로그램. 84면 좋겠고, 조금만 노력하면 그 정도는 뺄 수 있으나 절실하진 않다. 건강검진 센터의 인바디 기계로 측정하면 26이라는 숫자와 함께 "경도 비만입니다"라는 문구가 나온다.

내게 허용된 최대 몸무게는 82.8킬로그램이다. 불가능한 숫자다. 몸무게가 그렇게 적었던 적은 없었다. 아니, 어쩌면 청소년 시절에는 그랬을지도 모른다.

내 머리는 이제 길지도 검지도 곱슬하지도 않지만 대머리는 아니다. 하의 실종 상태로 잔디밭을 걷지 않은 지도 아주아주 오래되었다. 나는 미치지 않았으니까. 필러맨도 이제는 음경 또는 성기라고 부른다. 이 얘기는 나중에 자세히 하기로 하자.

나는 이 책에서 내 몸의 변화, 성장과 수축, 체력, 서서히 진행되는 노화, 그것에 맞서는 끊임없는 싸움을 말하려고 한다. 나는 이런 변화 과정, 몸의 일생에 완전히 매료되었다. 그리고 이제는 자그마한 아기에서 힘센 남자로 성장했다. 위대한 운동선수는 아니었지만, 그다지 큰 어려움 없이 몸의 기쁨을 누리는 사람이 될 수 있었다.

어떤 사람들은 어느 정도 나이가 들면 회고록으로 자신의 지적 성취와 업적을 기록한다. 그런데 어째서 피부에 난 흉터나 그와 관련된 사건을 얘기하며 몸의 역사를 기록하는 사람은 아무도 없을까? 통증, 빠진 치아, 혹과 반점, 닳아버린 연골, 탈모 등에 관한 이야기. 그리고 근 성장과 폐활량, 심장의 일상. 나로서는 간의 노고도 빼놓을 수 없다. 마지막으로 정신적 부담이 어떻게 질병으로 옮겨가는지에 관해서도.

담요에 누운 아기, 지금 책상에 앉아 있는 남자, 미래의 관 속 시체. 모두 나다.

지금부터 내가 요즘 완전히 빠져 있는 이야기를 들려주려 한다.

나는 이 몸과 함께 평생을 살아왔다. 몸이 없었더라면 나는 아무것도 아니었을 것이다. 그런데 놀랍게도 내 몸에 대해 아는 것이 거의 없다. 누군가 내 간이 어디에 있는지 묻는다면 대충 때려 맞힐 수밖에 없다. 담즙의 기능도 설명하지 못한다. 어느 순간부터 손가락이 자라지 않는 이유를 설명하라고 해도 입도 뻥긋할 수 없다.

로베르트 게른하르트Robert Gernhardt는 〈어둠〉이라는 시에서 다음과 같이 썼다.

남자든 여자든
모든 육체는 어둠 속에 있다.

이 구절은 우리 대부분이 자신의 몸속보다 우주나 축구 국가대표 팀의 최신 동향을 더 잘 안다는 사실을 의미한다.

우리는 몸에 가장 의존하면서도 몸에 대해 거의 모른 채 몸과 함께 몸 안에서 산다. 그러면서 열심히 몸을 만들고 옷을 차려 입고, 문신을 하고, 좋은 음식을 먹고, 어떤 때는 몸을 드러내기도 한다. 한편으로는 자신과 아무 상관 없다는 듯 몸을 방치하는 사람도 있다.

군터 폰 하겐스Gunther von Hagens의 '인체의 신비전Körperwelten'이 그토록 매혹적인 까닭은 어쩌면 몸 밖에서 몸 안을, 즉 인간 내부의 낯선 몸속 어둠을 들여다볼 수 있어서가 아닐까?

내 경험에도 이런 무지와 어둠이 반영되어 있다. 나는 건강검진을 꼬박꼬박 받지만 왼쪽 골반 가장자리에서 발생하는 고질적인 통증의 원인을 명확히 설명할 수 없다. 고관절 굴근이라 불리는 그 부근의 근육이 문제일 텐데, 이상하게도 스트레스에 민감하다. 전문가들은 심각한 문제가 아니라며 날 안심시킨다.

그런데 정말일까? 끔찍한 운명을 원망하거나 의

사를 잘못 만났다고 한탄하는 사람을 하루가 멀다 하고 만나는데?

볼프강 삼촌은 아주 평범한 사람이었지만 어릴 때 어떤 내장 기관의 문제로 고생했다. 무슨 병을 앓고 있냐는 질문을 받으면 항상 이렇게 대답했다. "나도 잘 몰라요."

우리는 많은 것을 알고 온갖 것을 생각하지만 몸만은 위급해져야 비로소 관심을 갖는다. 그런데 몸은 관심을 갖고 보면 볼수록 아주 흥미롭다.

이제부터 우리는 전성기를 지난 한 남자의 몸을 살펴볼 것이다. 하지만 솔직히 정말로 전성기가 지났는지는 잘 모르겠다. 지금보다 더 나았던 때가 있었나 싶기도 하기 때문이다. 지금처럼 충분히 휴식을 취하며 마음을 살피고 과도한 호르몬 분비에 쫓기지 않고, 몸의 요구에 세심하게 주의를 기울이며 적절히 체력을 유지하던 때가 있었던가?

어쨌든 이 몸은 이제 더는 젊지 않으니 보고할 것이 아주 많다. 특별한 몸은 아니다. 눈에 띄게 아름답거나 대단한 몸매를 가지지도 않았으며 굉장히 뚱뚱하거나 병들어 불편하지도 않다.

하지만 우리는 바로 그런 평범한 몸에 관심을 가질 만하다. 우리 모두는 몸이 있고 몸과 함께 살아가야 한다. 그러므로 우리는 삶과 몸의 관계, 몸과 세상의 관계, 몸과 마음의 구체적 문제를 다룰 것이다.

현대사회는 식사부터 성지순례에 버금가는 우아한 주말에 이르기까지, 종교적으로 느껴질 만큼 자기 몸에 관심을 쏟는 시대이다. 몸은 때때로 지위의 상징이 된다.

우리는 몸에 새겨진 시간, 세월, 이 시대에 관해 이야기할 것이다. 우리는 좋은 이야기든 나쁜 이야기든 저마다 자기만의 이야기를 가지고 있다. 나는 어렸을 때, 팔다리가 없거나 앞을 못 보는 어른을 봐도 아무렇지 않았다. 주변에 장애인이 많았고 아버지도 그중 한 명이었다. 전쟁 시기였으므로 장애인이 크게 늘었다.

이렇게 표현해도 좋겠다. 지금 한 남자가 몸으로 세상과 자신을 이해하려 노력하고 있다! 흉터, 주름, 반점, 생채기, 흠, 붕괴 등 개인적 경험은 보통 몸에 새겨지기 때문이다.

그러나 여느 여행만큼이나 즐거울 이런 여행을 시작할 때는, 통상적으로 '내밀한' 또는 '개인적'인 것의 경계를 넘을 수밖에 없다는 점을 명심해야 한다. 아니면 경계에 닿자마자 움찔 물러서게 되려나? 그래서 한 가지를 여기에 명확히 해두고자 한다. 우리는 몇몇 부분에서 가장 견디기 어렵고 그래서 인정하고 싶지 않은 감정, 즉 수치심과 두려움을 다룰 것이다.

그런데, 나는 왜 이런 여행을 떠날까?

역시 가장 고전적인 이유일까?

호기심 말이다.

그래서 이 여행에는 위험이나 부작용이 있을 수 있다. 하지만 내 몸의 일생을 누구에게 물을 수 있을까? 의사도 약사도 아닐 것이다.

하지만 나 자신이 있다. 그렇지 않은가?

수치심과 두려움. 나는 두려움에 굴복할지 말지 결정하기 전에 항상 먼저 두려움을 조사하려고 노력한다. 두려움이 나에게 유용한가? 아니면 내 삶에 방해가 되나?

수십 년 동안 글을 쓰면서 깨달았다. 적어도 수치심은 우리를 방해하지 못한다. 다른 사람들도 같은 상황을 부끄러워하고 같은 감정으로 외로워한다는 것을 깨닫고, 자신의 수치심과 감정을 다른 사람에게 얘기할 때 비로소 그것을 극복하고 외로움에서 벗어날 수 있음을 알게 되었기 때문이다. 그리고 작가이자 독자로서의 내 삶에서도 책은 늘 나를 외로움에서 구해주었던 것 같다.

이 책은 우리를 멀리 데려가겠지만 언제나 몸과 그 역사, 감동적이고 위대한 몸의 특성으로 돌아갈 것이다. 거기에는 몸의 평범하고 신비하고 재밌고 끔찍하고 아름답고 혐오스럽고 창피한 이야기와 폭로되거나 감춰졌던 이야기들이 모두 포함된다. 당연히 이 모든 이야기의 예시는 나를 죽음에서 떼어 놓는 최후의 보루인 내 몸이다.

몸이 없으면 나는 어떻게 될까?

반대로, 내가 없으면 몸은 어떻게 될까?

차례

들어가는 글	006
피부	018
기억	035
뼈	049
귀	061
검지	077
치아	088
배	106
장	126
폐	138
무릎	157
코	177
음경	195
발	218
뇌	230
심장	253
감사의 글	271
참고문헌	274

피부

손을 펼쳐 피부를 본다. 예전처럼 매끈하지도 않고 반점들도 군데군데 보인다. "위험한 건 아닙니다." 피부과 교수가 말했다. 혹시 피부암은 아닌지, 반점들을 제거할 수 있는지 묻자 없애주겠다는 대답이 돌아왔다. "하지만 가을에 빼드릴게요." 이상하게도 나는 정기 검진을 항상 봄에 한다. 그리고 가을이 되면 반점들에 익숙해져 없애고 싶은 욕구가 사라진다. 그래서 내 손은 늘 위장복처럼 얼룩덜룩한 채 그대로다.

이 피부과 교수는 수십 년째 나의 피부과 주치의다. 나는 장황하게 말하지 않고 진단이 매우 빠른 그를 훌륭하게 여긴다. 어떨 땐 내가 묻기도 전에 대답할 정도다.

"피부가 아주 건강하네요." 초고속 의사가 말하면 나는 뿌듯해한다. 이 의사와 함께라면 내 건강한 피부에는 어떤 피부암도 생기지 않을 것이다.

내 피부는 햇볕에 쉽게 탄다. 하루만 햇볕을 쬐도 남쪽에서 3주를 보낸 사람처럼 보인다.

실은 자외선 차단제를 거의 사용하지 않는다. "피부암 걱정은 안 하셔도 됩니다." 의사가 말했다. 이 말에 벌써 바깥의 맑은 공기를 맡을 생각에 두근거렸다. 그때 의사가 덧붙였다. "SPF 50 선크림을 사용하면 그렇다고요."

나는 바다나 호숫가에서 아내의 등에 선크림을 열심히 발라준다. 다른 사람의 몸에 헌신하기! 이것이야말로 내가 인생에서 처음 배워야 했던 일이다. 내 몸은 잊고 다른 사람의 몸, 특히 아내의 몸에 집중한다.

아내가 지시를 내리면 아주 착실하게 따랐다.

"어깨 쪽은 좀 더 많이 꼼꼼하게!" 항상 빠지지 않는 명령이다. 이제는 별다른 지시가 필요 없을 만큼 완벽하게 배워서 내 감각으로 스스로 아는 경지에 이르렀다.

하지만 내 몸에 선크림을 바르기 전에는 금세 다른 할 일이 생각난다. 선크림 바르기는 지루하기 짝이 없다.

왜 그럴까?

어렸을 때는 어머니가 선크림을 바르라고 잔소리를 했다. 그러나 요즘처럼 그렇게 엄격하진 않아서 쉽게 그 경고를 무시했다. 햇볕에 살갗이 타는 게 괜찮아 보였고 어쩔 수 없다고 생각했다. 매력적인 구릿빛 피부를 가지려면 일광화상쯤은 감수해야 했다. 북해에 다녀온 다음에는 피부염을 앓아야 회복이 되는 것처럼, 살갗이 타는 것 역시 구릿빛 피부로 가는 필수 단계였다. 밤에 쓰라림에 몸을 뒤척이고 살갗이 벗겨지면 생살이 드러났다. 이 과정은 며칠이면 끝났다.

보통 피부에는 햇볕에 탄 이후에나 무언가를 발랐다. 언젠가 피부는 평생의 일광화상을 수십 년 동안 기억하고 있다가 한참 나중에 피부암을 일으키기도 한다는 글을 읽은 적이 있다. 덜컥 겁이 났지만 그때뿐이었다. 이미 벌어진 일이고 이제 와서 바꿀 수도 없는 노릇이었다.

피부는 우리 몸에서 가장 큰 기관이다! 그러니 피부를 잘 대해야 한다.

이쯤에서 하나 밝히자면 나는 일광욕을 아주 싫어한다. 다른 사람들은 앰브르 솔레어, 니베아, 티롤러 누스욀, 유세린, 세타필 등 온갖 선크림을 바르고 햇빛 아래 앉지만 나는 셔츠만 입고 그늘에 앉아 있다. 나는 더위도 싫고 크림과 오일, 땀, 모래, 소금 범벅인 짭짤한 반죽을 쓰고 누워 있는 것도 싫다. 내 구역은 그늘이다. 그럼에도 초여름부터 벌써 코끝이 타서 살갗이 벗겨진다.

네덜란드에서는 여러 지역에서 다음과 같은 홍보 문구와 함께 무료로 자외선 차단제를 나눠준다. "자외선 차단제로 나쁜 자외선을 차단하세요!" 2024년 유럽축구선수권대회 기간에 독일에서도 여러 도시에서 무료로 자외선 차단제를 나눠줬다. 2020년 팬데믹 초기에 꼼꼼하게 손 씻는 장면을 보도했던 독일 공영방송국은 조만간 자외선 차단제를 꼼꼼히 바르는 모습도 보도할 것이다.

아무튼 내가 사는 동안 조국이 모국으로 바뀌었다. 아버지 같던 국가가 어머니 같은 국가로 바뀌었다는 말이다. 흥미롭지 않은가? 어딜 가나 몸을 돌보는 데 관심이 높아졌다. 4월이 시작되자마자 여름의 위험을 경고한다. 위험하지 않은 것이 없는 것 같다. 빛에서도 그림자를 먼저 보기 때문에 7월과 8월은 공포로 가득하다. 그리고 햇볕이 없는 음울한 겨울이 찾아온다. 알다시피 사람에게는 햇볕이 없는 것이 일광화상보다 더 나쁘다.

해변에 갈 때마다 어머니가 "여기 선크림, 그냥 가면 안 돼! 저런, 하케야, 선크림을 꼭 발라야 해!"라고 외쳤더라면 나의 자외선 차단제 혐오증은 어떻게 됐을까? 그랬더라면 분명 오늘날 나는 통조림 속 정어리처럼 온몸에 선오일을 바를 것이다. 인간은 어린 시절의 경험에서 결코 자유로울 수 없으니까. 국가가 곳곳에 경고판을 세워 자외선 차단을 권고한다면 내 피부에도 큰 도움이 될 텐데. 하지만 그걸 요구할 수는 없는 노릇이다.

거울을 본다.

당연히 주름이 보인다. 하지만 선명한 목주름 몇 개를 제외하면 크게 신경 쓰이지 않는다. 가끔 청년 때의 얼굴이 거울 속 내 옆에 나타나면 좋겠다고 상상한다. 그저 비교해보고 싶을 뿐이다. 나는 노화를 힘들어하지 않기 때문에 슬퍼지지는 않을 것이다. 왜냐고? 노화로 얻은 것을 생각하면 심지어 행복해지니까.

흉터도 보인다.

이마 오른쪽 윗부분의 흉터는 네 살 때 사고로 생겼다. 오토바이에 치여 피부가 찢어졌다.

오른쪽 손목 근처에는 자살 시도라도 한 것처럼

보이는 얇은 선이 있다. 17, 18, 19세였던 나와 친구들은 친구 부모님의 시골집에서 주말을 보내기 위해 폭스바겐 비틀을 타고 달렸다. 오후에는 숲을 질주했다. 몇몇 친구가 앞 본네트 위에 앉아 있었고 나는 뒤 트렁크 위에 서 있었다. 미친 짓이었지만 그때는 자유를 만끽하며 소리를 질렀다. 운전자는 술에 취해 약간 미친 상태였다. 그는 좁은 숲길로 차를 몰았다. 울퉁불퉁한 길을 덜컹거리며 달리는 차 위에서 나는 균형을 잡지 못하고 밑으로 떨어졌고 동맥에서 살짝 빗겨난 손목 부위가 찢어졌다. 아주 위험할 뻔했다.

코 윗부분의 흉터는, 어떻게 말해야 할까…. 참전한 적이 없으니 전쟁 부상은 아니고, 평화 부상? 아무튼 포병으로 군에 복무하던 시절, 오프로드 기동 훈련 중에 탱크를 타고 가다가 덜컹거림에 넘어지면서 조준경에 그만 코를 박고 말았다.

오른쪽 약지에도 군 복무 시절의 흉터가 있다. 방독면 필터 캔을 따려다가 따개가 부러지면서 크게 베여 피가 콸콸 쏟아지는 바람에 의사를 불러야 했다.

어떤 상처는 아무는 과정에서 새살이 너무 많이 올라와 검붉은 혹이 피딱지처럼 앉았다 사라진 적도 있다. 의사는 이것을 '거친 새살'이라고 불렀는데, 어쩐지 에로영화 제목처럼 들려서 기억에 남았다.

'뜨거운 몸, 거친 새살.'

로베르트 무질Robert Musil은 『특성 없는 남자』에서 임종을 앞둔 남자를 묘사하며 "피부는 생명을 담고 있는 자루"라고 썼다. 그런데, 자루? 마치 우리가 피부라는 자루에 석탄이나 밀가루처럼 담겨 있다는 말 같다. 하지만 이는 사실이 아니다. 우리는 피부 속에 완벽하게 구조화되어 있다.

때때로 나는 내 피부가 XXL 스웨터처럼 너무 크다고 상상한다. 큰 스웨터에 몸을 맞출 수는 없으니, 스웨터가 내 몸에 맞게 줄어야 한다.

나는 건강하지만 약간 나이가 든 하얀 피부를

가졌다. 60여 년 전만 해도 이 특징이 특권이라고 생각하는 사람은 아무도 없었을 것이다. 오늘날에는 상황이 달라졌다. 게다가 나는 남자다. 사람들이 나를 '늙은 백인 남자'라고 부른다고 해서 그것을 모욕으로 여기지 않는다. 물론 늙었다는 말이 좀 걸리므로 이보다 덜 공격적인 표현이면 좋겠지만 여전히 모욕을 느끼진 않는다. 만약에 내가 여자이고 검은 피부로 평생을 보냈다면 삶이 더 힘들었을 것이다. 하지만 그것은 어디까지나 만약이다.

나는 어느 정도 내 피부에 걸맞게 행동하려 노력한다.

피부는 아무리 강조해도 지나치지 않을 만큼 삶에 매우 중요하고, 언제나 중요했다. 피부는 읽히고 해석되며 새로운 의미가 부여된다. 우리는 피부색을 중시하지 않는 법을 배워야 하지만 그럼에도 그것은 기이할 만큼 중요하다. 창백한 피부는 19세기에 힘겨운 육체 노동을 하지 않아도 되는 사람의 특징이었다가 나중에는 건강하지 못한 사람의 특징으로 여겨졌다. 사람들은 화장을 하고, 문신으로 자신을 표현한다. 피부는 읽히는 텍스트일까, 아니면 저마다 만들어내거나 자연스럽게 디자인한 이미지일까? 현대사회는 이미지의 시대이기 때문에 피부가 그토록 중요한 걸까?

나는 유튜브에서 랄프 카스퍼스Ralph Caspers가 올린 양자물리학에 대한 짧은 동영상을 봤다. 주요 질문은 이랬다. '내 몸은 어디에서 끝나는가?' 다시 말해 나와 다른 모든 것 사이의 경계는 정확히 어디인가? 이상하게도 답하기가 쉽지 않은 질문이다.

우리와 세계의 경계인 피부를 자세히 살펴보면, 가장 바깥인 각질층, 그리고 거기서 다시 가장 바깥쪽 세포, 그리고 거기서 다시 이 세포를 구성하는 아미노산, 그리고 거기서 다시 이 아미노산을 구성하는 분자, 그리고 거기서 다시 이 분자를 구성하는 탄소 원자 사슬이 있다.

카스퍼스는 피부의 가장 바깥층의 마지막 원자가 있는 곳에서 내 몸이 끝난다고 단언한다.

그러나 원자는 작은 핵과 그 주위를 도는 점처럼 생긴 전자들로 구성된다. 이것은 부피도 크기도 없을 만큼 작다. 이 전자들은 정해진 궤도가 따로 없다. 말하자면 뿌연 구름 속을 떠다니는 셈이다. 그 위치를 명확히 말할 수 없으므로 내 몸이 어디에서 끝나는지도 아주아주 아주아주 명확하게 말하기는 어렵다.

몸의 경계는 모호한데 사람들은 그것을 아주아주 아주아주 명확하게 정한다.

나는 우리 몸의 경계가 모호하다는 생각을 좋아한다. 가장 바깥층은 그 경계가 흐릿해서 우주와 살짝 섞인다. 지구 역시 우주에서 보면 그 경계가 흐릿해서 우주와 살짝 섞인다. 그리고 내 손가락과 손끝, 손과 손바닥으로 아내의 살갗을 쓰다듬을 때, 몸의 가장 바깥층에 있는 수십만 개의 전자는 서로 접촉하고 튕겨 나가고 다시 서로를 향해 다가가며, '핑 퐁 팡 깅 공 강 빙 봉 방' 하면서 교류하고 교환하고 섞이고, 그렇게 우리의 몸이 양자물리학의 혼

돈 속으로 빠져든다는 생각이 맘에 든다.

피부에는 전 세계 인구보다 더 많은 박테리아가 살고 있다. 외르크 블레흐Jörg Blech는 『인체에 사는 생명체Leben auf dem Menschen』에서 이렇게 말한다. "당신은 생명체로 구성된 구름이자 걸어다니는 생태계이다. 당신의 몸에는 100조 개의 세포가 있다. 그러나 그중 약 90퍼센트는 인간의 세포가 아니라 다른 생명체의 세포다. 진화는 이 생명체들에게 인간의 몸을 식량 공급원과 숙소, 결혼 시장, 수유 공간, 휴식 공간, 분만실로 쓰라고 지정해주었다."

예를 들어 '데모덱스 폴리쿨로룸Demodex folliculorum'과 '데모덱스 브레비스Demodex brevis'라는 아주 작은 거미 두 종은 우리의 피부 어디에나 살고 있다. '데모덱스'는 귀지에 구멍을 내는 벌레라는 뜻으로, 이 미생물들이 귓구멍에서 처음 발견되었기 때문에 이런 이름이 붙여졌다. 이들은 피지샘의 분비물을 먹고사는 무해한 모낭충이다. 그러니 거미를 무서워하는 사람들이여, 도망치지 마시라.

이 거미들은 거의 투명하다. 수컷은 평균 길이가 280마이크로미터이다. 아기의 몸에는 이 미생물이 없지만 70세가 넘은 노인은 100퍼센트 갖고 있다. 내 몸은 현재 데모덱스로 거의 뒤덮였다. 서식지는 주로 얼굴이고 때로는 무릎과 가슴, 혀, 포피에도 살며, 모낭 하나에 세 마리 이상이 서식한다. 보통은 피부에 머리만 파묻고 엉덩이는 바깥에 내놓는데, 가끔은 완전히 피부 속에 잠기기도 한다.

인간은 충분히 흥미로운 존재지만 역겨운 존재이기도 하다. 여러 면에서. 부분적으로. 하지만 부분적으로 그렇지 않기도 하다. 우리는 뭐든지 가능한 다채로운 존재다.

그러나 피상적으로 제한된 인체의 경계는 뿌연 구름처럼 모호하다.

몇 년 전 뉴욕의 문학 에이전트 존 브록만John Brockman은 학자와 사상가 들에게 물었다. "어떤 주제에서 생각이 바뀌었고, 이유는 무엇인가?"

덴마크의 과학작가 토르 뇌레트란더스Tor Nørretranders는 "전에는 몸이 하드웨어이고 정신이 소프트웨어라고 생각했지만, 지금은 생각이 달라졌다"고 답했다. 몸 자체가 소프트웨어라는 것이다.

몸은 책상이나 의자처럼 딱딱한 고체가 아니다. 오히려 강과 더 비슷하다. 몸을 구성하는 원자의 98퍼센트는 매년 교체된다. 물 분자는 최대 2주 동안 몸속에 머무는데, 뼈에 있는 것은 몇 달도 있는다. "태어나서 죽을 때까지 몸속에 머무는 원자는 거의 단 하나도 없다." 이것은 2008년 독일 일간지 《타게스슈피겔*Tagesspigel*》에 게재된 뇌레트란더스의 말이다.

그의 답변은 이렇게 이어졌다. "당신이 항상 일정하게 가진 것에 물질은 포함되지 않는다. 인간은 음식, 음료, 산소 형태로 매년 평균 1.5톤의 물질을 소비한다. 이 물질이 매년 새롭게 당신의 존재를 결정한다. 새 원자는 당신의 어린 시절을 배우고 기억해야 한다." 이런 주장이 처음 등장했을 때, 물리학자 리처드 파인만Richard Feynman은 이렇게 말했다.

"지난 주에 먹은 감자! 이제 그것은 1년 전 당신의 머릿속에서 무슨 일이 일어났는지 알고 기억할 수 있다."

이것은 끊임없는 재생에 관한 이야기다. 재생은 단지 피부뿐 아니라 우리의 경계에 관한 것이기도 하고, 전혀 다른 방식으로 계속해서 이어지는 우리와 환경과의 연결에 관한 것이기도 하다.

뇌레트란더스는 이것을 10대 시절에 듣던 음악과 비교한다. 그것은 처음에 레코드, 그다음에는 카세트, 그다음은 CD, 지금은 인터넷에 담긴다. 나의 반복되는 소시지 식탐과도 비교할 수 있다. 나의 소시지 식탐은 어린 시절과 다른 원자에 새겨져 있다. 하지만 원자가 있는 한, 소시지 식탐도 거기에 남아 있을 것이다.

놀랍지 않은가? 우리는 몸을 견고하고 물질적으로 안정된 구조물로 이해하지만, 사실은 원자의 환승역에 불과하다니!

그뿐만이 아니다.

피부

내 몸을 구성하는 70억 개 원자는 내가 잘못 계산한 것이 아니라면 수십억 년 전에 폭발해 머나먼 은하계로 방출된 물질에서 왔을 수도 있고, 거기서 파생된 지구의 인력으로 지구와 한 몸이 되었을 수도 있다. 수소, 산소, 탄소, 마그네슘, 철, 규소 등, 우리를 구성하는 모든 원소는 인터스텔라 공간에서 왔다.

그것은 재밌는 물질이다. 우리도 재밌는 물질이다. 내가 그것이다.

그리고 나는 다시 그것이 될 것이다.

어쩌면 나는 어제 한때 증조할머니 속에 있던 원자를 소비했고 어느 날에는 증손주 중 한 명을 안개처럼 둘러쌀 것이다. 언젠가 예수나 찰리 채플린Charlie Chaplins의 뇌에서 일했던 나의 일부가 내년에는 내 정원에서 꽃으로 자랄지도 모른다. 그리고 아내의 몸에는, 잠시 내 안에 머물던 원자가 확실하게 존재한다.

신비주의처럼 들리겠지만, 과학이다.

프랭크 시나트라Frank Sinatra의 노래를 들어보라.

내 피부 아래에 그대가 있어요.
내 심장 깊은 곳에 그대가 있어요.
내 심장 깊은 곳에 있으니, 그대는 진정 나의 일부입니다.

맞는 말이다. 정확히 이렇다.

기억

어느 저녁, 오랜 친구의 집 테라스에 7~8명이 앉아 있었다. 화제가 시인 게오르크 트라클Georg Trakl로 옮겨지면서 누군가 그의 시 〈헬리안Helian〉을 읊었다.

저녁 무렵 테라스에 앉아 우리는 갈색 포도주에 취했지.
복숭아는 잎사귀 속에서 붉게 빛났지.
은은한 소나타, 즐거운 웃음.

갈색 포도주. 누군가 이게 말이 되냐고 물었다.

포도주는 갈색이 아니고, 만약 그렇다면 상했다는 뜻이니 마실 수 없다는 것이다. 그러면서 트라클은 분명 황금색 또는 보라색 포도주를 그렇게 표현했을 거라고 덧붙였다.

"아니야. 이유는 모르겠지만 갈색 포도주가 분명해." 시를 읊은 친구가 주장했다. 아마도 오래된 마데이라 또는 셰리였을 거란다. 오스트리아에는 **갈색 벨트리너**라는 오래된 포도 품종도 있고, 트라클이 그걸 즐겼을 수도 있지 않을까?

바로 그때 집주인이 아이패드를 가져왔다. 그가 '갈색 포도주'를 검색하자 즉시 트라클의 시가 화면에 떴다.

…우리는 갈색 포도주에 취했지.

이제 누군가는 트라클이 가장 좋아한 단어가 갈색이기 때문에 포도주를 갈색이라고 한 것이고, 사람들이 트라클 하면 연상하는 계절도 가을이라고 주장했다. 게다가 그는 11월에 세상을 떠났다는 것이다.

친구는 다시 '트라클'과 '갈색'을 입력했고 순식간에 검색 결과가 주루룩 떴다. 6,530개의 다음과 같은 내용들이었다.

아, 그들이 어찌나 방해하던지,
황홀한 들판의 갈색 침묵.

또는,

갈색 소녀의 거친 노래들.
낙엽 타고 날아가네.

다음은 내가 가장 좋아하는 시다. 큰 소리로 같이 낭송해보자!

태양, 가을답게 은은하고 소심하고,

열매는 나무에서 떨어지네.
침묵은 파란 방에 머무네.
길고 긴 오후 한나절.

파란 방? 그렇다, 이번에는 파란색이다! 갈색 방이 아니다.

아이패드가 없었던 예전에는 어떻게 이런 대화를 했을까? 누군가 트라클의 시집을 확인해보자고 했을 테고, 친구네 책장에는 그런 책이 없었을 테고, 그는 집에 늘 준비되어 있는 포도주를 더 꺼내왔을 테고, 대화는 추측에 추측으로 이어졌을 것이다.

이제는 인터넷이 휴대용 보조 기억장치로 활용되면서 신체 밖에서도 기억을 불러낼 수 있다. 말하자면 인터넷은 신체를 확장하는 도구인 셈이다. 이런 물건 중에서도 가장 중요한 스마트폰은 새로운 신체 부위나 마찬가지다. 내 부모님은 아직 소유하지 않은 신체 부위. 그것을 잃어버리면 우리는 마치 뇌의 일부를 잃은 것처럼 무력해진다. 스마트폰은 교체할 수 있으므로 그리 심각한 일은 아니다. 하지만 뇌세포는 교체가 거의 불가능하다.

그렇다. 오늘날 우리는 잃어버릴 수도 있는 신체 부위를 가지고 다닌다. 누군가 이렇게 말한다고 상상해보라. "내 왼쪽 엄지발가락이 없어졌어. 어제 운동화에 두고 왔나 봐."

우리는 이 신체 부위 덕분에 더 큰 물리적 세계, 일종의 글로벌 메모리와 연결된다. 인류의 꿈이 이루어진 것이다. 1930년대에 영국 소설가 허버트 조지 웰스Herbert George Wells는 모두가 모두의 기억에 접근할 수 있는 '세계 두뇌World brain'를 상상했다.

이제 우리는 언제 어디서든 거의 모든 것을 알 수 있다. 아마도 이러한 세계 기억장치가 있어서, 기억력이 점점 더 약해지는 것 같다. 인체의 기억장치라고 부를 만한 뇌에는 어떤 것도 영구적으로 저장할 수 없다. 아니면 작은 두뇌에 저장하기에는 세상의 지식이 너무 방대해져서 신체 밖의 외부 저장 장치가 절대적으로 필요했던 것일까? 우리의 기억력은 전혀 나빠지지 않았는데, 그렇다고 느끼는 것뿐일까?

얼마 전까지 매일 우리를 두려움에 떨게 했던 바이러스는 잊혔고 이제는 셀 수 없이 많은 변종 바이러스가 등장했다. 밤마다 텔레비전에서 우리를 웃겼던 사람들은 갑자기 사라졌다. 몇 년 전 튀니지 혁명 때 무슨 일이 일어났는지 정확히 기억하는 사람이 있나? 우리의 삶은 재난의 파도를 타고 있다. 하나를 넘으면 다음 재난이 닥치고, 이전 재난을 신경 쓸 겨를이 없다.

자비로운 망각이다.

인류는 경고음이 끊이지 않는 현장 속에 살면서 신경쇠약에 걸리기 직전이다. 이것은 당연히 몸에 부담을 주며 기억력을 떨어뜨린다.

나는 망각의 미덕에 관한 책 『잊힐 권리』를 쓴 옥스퍼드 대학 교수 빅토어 마이어 쇤베르거Victor Mayer Schönberger의 인터뷰 기사를 읽었다. 그의 말에 따르면 어떤 사람들은 아무것도 잊지 못해 20년 전 아침에 무엇을 먹었는지 세세히 떠올릴 수 있다고 한다. 이들은 과거의 모든 잘못된 결정이 기억에 생생히 남아 있어 또 비슷한 실수를 할까 두려운 나머지 일상적인 결정을 내릴 때조차 어려움을 겪으며 불행하다.

하아, 내 문제는 그것이 아니다.

내 문제는 이렇다. 쾰른의 한 극장에서 강연을 하게 되었는데, 늘 그렇듯이 수많은 사람이 쉬는 시간에 책에 사인을 받기 위해 우르르 몰려왔다.

그때 누군가 내 어깨를 톡톡 두드렸다.

아주 오래된, 진짜 오래된 좋은 친구지만 오랫동안 만나지 못했던 친구다. 놀랍게도 그가 내 앞에 나타났다. 깜짝 놀랄 일이었다.

"끝나고 잠깐 볼까?" 그가 물었다. "책에 사인도 부탁해." 그는 내 책을 손에 들고 있었다.

"물론이지!" 그러고 나는 곧바로 외쳤다. "조금 이따가!"

이 순간 머릿속에는 단 하나의 다급한 질문만 떠다녔다.

'이름이 뭐였지?'

작은 실마리조차 떠오르지 않았다.

하지만 그는 책에 사인을 받고 싶어 한다! "미안합니다. 너무 어수선해서 이름을 못 들었어요. 뭐라고 했죠?" 이렇게 되물어도 괜찮은 사람들이 분명히 있다. 그러나 그는 아니었다. 그러기에 우리는 너무 친한 사이였다. 지금도 마찬가지다. 비상 상황이었다.

나는 무대로 가지 않고 대기실로 달려가, 우리 둘을 잘 아는 친구 R에게 문자를 보냈다. "이름을 알려줘, 제발. R, 이름!"

그다음 다시 무대에 올라 책을 읽고 이야기를 이어나갔다. 그러나 뇌에는 평행우주처럼 다른 일을 생각할 수 있는 두 번째 차원이 열렸다. 거기서 나는 친구의 이름을 계속 찾았다.

행사가 끝나고, 박수, 인사, 앙코르, 박수, 인사가

이어졌다. 그리고 끝. 나는 대기실로 달려갔다. R은 응답이 없다. 이번에는 연락처 목록을 살펴보기 시작했다. A, B, C, D… L에서 찾던 이름을 발견했다. 밖에서 기다리는 친구의 이름은 L이 아니었지만, 성이 L로 시작하고 이름이 빌헬름인 지인의 이름이 적혀 있었다.

밖에서 기다리는 친구의 이름도 빌헬름이다. 성은 Z로 시작하지만. 뒤에서부터 살폈더라면 더 쉬웠을 텐데….

나는 서둘러 극장 로비로 달려갔다. 거기에 친구가 빌헬름다운 모습으로 서 있다.

"빌헬름!" 나는 친구의 이름을 불렀다. "오랜만이야." 나는 책에 사인과 함께 한 문장을 더했다. '나의 오랜 친구 빌헬름을 위하여.' 그리고 외쳤다. "여기, 빌헬름을 위해 맥주 한잔 주세요!" 지인들이 무리 지어 우리 주위로 모였다. "이쪽은 빌헬름입니다." 나는 친구를 지인들에게 소개했다. "제 오랜 친구죠. 이름은 빌헬름입니다. 아, 얘기했나요?" 우리는 선 채로 술을 마셨다. "조심히 잘 가, 빌헬름." 나는 택시에서 친구에게 문자를 보냈다. "와줘서 고마웠어, 빌헬름!"

그런 다음 R로부터 답 문자가 도착했다. "그 친구의 이름은 슈테판이야."

심장이 멎는 것 같았다. "악셀 하케, 택시에서 사망. 사인은 슈테판을 빌헬름으로 착각한 것." 이렇게 적힌 부고 기사가 떠올랐다.

"말도 안 돼, 제발, 빌헬름이 아니라고? 그럴 리가 없어."

"맞아, 슈테판이야."

나는 함부르크에 산다. 그 친구는 분명 쾰른에 산다.

"그렇군, 빌헬름은 함부르크에 살지. 네 말이 맞아. 그래 그래. 미안."

"어디 편찮으세요?" 택시운전사가 물었다.

"아니요, 멀쩡합니다." 나는 조용히 중얼거렸다.

그 일이 있은 후부터 강연 전에는 주소록을 뒤

져 그 지역에 사는 지인이 있는지 확인한다.

이런 일도 있었다.

나는 리셉션 장소나 길거리 또는 친구네 테라스 등 도시 어딘가에 있다. 다시 예기치 않게 오랜 지인을 만난다. 얼굴은 기억이 난다. 그는 유쾌하고 친절하고 교양 있으며 마음이 따뜻한 사람이므로, 나는 늘 그를 좋아했다. 그에 대한 몇 가지 정보도 떠오른다.

다만, 이름만은 떠오르지 않는다.

이럴 때는 절망감을 느낀다. 치매에 가까워진 것 같아 두렵기도 하다. 스트레스가 쌓이면서 생각이 멈춘다. 그나마 위안이 되는 것은 대부분이, 적어도 60세 이상은 종종 이런 일을 겪는다는 사실이다. 내가 바보라서 그런 건 아니라고 스스로를 다독인다. 나이가 들수록 아는 사람이 너무 많아져 뇌의 이름 저장소가 꽉 차서 그런 것이다.

나의 가설은 이렇다. 이렇게 우연히 친구를 만났을 때 그가 더 반갑게 인사하고 더 크게 환호하며

"이보게 친구우우우!"라고 부르고, 더 세게 오래 포옹한다면 그는 당신의 이름이 생각나지 않는 것이다. '젠장, 도대체 이름이 뭐지?'

눈치 게임이 시작된다.

이런 절박한 상황에서는 들키지 않게 앞에 있는 사람의 이름을 알아내는 것이 중요하다. 그를 속이거나 누군가가 이 사람의 이름을 부르도록 유도해야 한다. 아니면 내 분야에서는 그의 최신 소설이나 영화 제목을 언급하게 하거나 직업에 대해 말하게 하고, 베이비시터나 혼자 사는 늙은 어머니에게서 문자가 온 것처럼 꾸며 잠깐의 시간을 확보한 다음, 신체 외부 기억장치에서 상대방의 이름을 찾아볼 수도 있다.

이름은커녕 대략적인 신원조차 파악하지 못한 상태에서 제삼자가 나타나 그에게 상대방을 소개해야 하는 상황이 되면 더욱 난감해진다.

어떤 동료가 나에게 자신의 지인을 소개하며 절망에 찬 표정으로 이렇게 말했던 적이 있다. "서로 직접 인사 나눠요. 그래도 되죠?" 그 동료는 불행히도 귀가 잘 안 들렸고, 그래서 우리가 서로 자기소개를 마쳤을 때, 왼쪽 귀를 조심스럽게 내쪽으로 내밀며 이렇게 물었다. "이름도 알려주셨나요?"

그 뒤로 이어진 대화 역시 별반 다르지 않았다.

"3주 전에 아주 훌륭한 책을 읽었어요. 소설인데, 제목이… 음, 아무튼, 배우가 쓴 건데, 누군지 아시죠? 왜 있잖아요, 유명한 연극에서 주연을 맡았고, 그 감독의 이름이 O로 시작하는, 아니 P였나, 여튼 지금 그건 안 중요하고, 이 얘기를 하려던 게 아니거든요. 아무튼 그 연극은 지금 전국에서 상연되고 있어요. 연극 제목이 뭐였지? 그건 그렇다 치고, 흥미로운 점은 요즘 최고의 소설은 배우들이 쓰는 데 반해 작가들은 영화에서 좋은 연기를 보여주는 경우가 거의 없어요. 아… 유명한 배우이자 유명한 작가로 오래된 사람인데. 그래요, 당신도 아는 사람이고, 나중에라도 분명히 이름이 떠오를 거예요. 어쨌든 스위스 사람이 이 책을 영화화했고, 주인공을 이 작가가 맡았어요. 그래요, 노벨상 수상자, 아니, 아니, 그 사람 말고, 그… 그… 화학자에 대해 쓴 사람은 노벨상을 못 받았어요. 그건 그의 문제죠. 아니, 아니, 다른 사람 얘기예요. 지금 그게 중요한 건 아니고… 내가 처음에 말한 사람, 그 사람도 노벨상을 받은 적이 없어요. 방금 생각났는데, 두 사람 모두 노벨상을 받지 못했고, 항상 후보에만 올랐어요. 그래서 늘 헷갈리죠. 어쨌든 내가 읽은 그 소설은 정말 훌륭했어요."

기억력 훈련에 도움이 될 만한 걸 소개하자면, 시를 외워라! 그래서 나도 다시 해보려 한다. 매일 한 편씩, 특히 그 시인의 시, 시인의 이름이….

그래, 그 시인, 갈색에 대해 자주 썼던 그 시인.

뼈

 나의 골절 역사라면, 명상 중에 갈비뼈가 부러진 사람은 아마 이 세상에 나뿐일 거라는 이야기로 시작하고 싶다. 하지만 순서대로 차근차근.
 나의 첫 번째 골절은 네 살 때였다. 친구의 뒤를 쫓아 달리고 있었는데, 그 친구가 길을 건너길래 따라 건넜다. 하지만 타이밍이 안 좋았다. 가까스로 친구를 피한 오토바이가 나를 치면서 이마가 찢어지고 팔이 부러졌다. 굳이 말할 가치도 없는 그저 그런 이야기다. 어려서 뼈 한 번 부러져본 적 없는 사람이 어디 있겠나. 만약 있다면 그 사람은 어린 시절을 헛되이 보낸 것이다. 적어도 내가 어렸을 때는

그런 시대였다. 그 시절에는 네 살짜리 아이가 부모 없이 동네를 뛰어다니는 게 당연했다. 오늘날 이랬다가는 부모가 아이를 방치했다며 비난받을 것이다. 게다가 이제 아이들은 헬멧과 정강이 보호대를 반드시 착용해야 한다.

더 주목할 만한 골절은 마흔 살쯤 일어났다. 오른쪽 종아리뼈 피로 골절. 내가 생각해도 무리해서 달리던 시기였다. 주로 하프 마라톤을 달렸고, 최고 기록은 1시간 47분이었다. 풀코스도 가능할 것 같았다. 어느 날에는 산에서 훈련하다가 푸른 언덕을 뛰어서 오르고 다시 뛰어서 내려왔다. 이런 훈련이 적어도 두 시간은 이어졌다.

그 후 오른쪽 종아리가 아팠다. 정형외과 의사는 피로 골절이라고 진단했다. 피로 골절이란 뼈가 완전히 부러지지는 않은 상태로, 일종의 뼈 부식 현상이다. 내리막길을 너무 오래 달려 종아리뼈에 큰 부하가 실리면서 균열이 생긴 것이다. 뼈에 가해지는 부담을 줄이는 것 말고는 할 수 있는 치료 방법이 없었다. 의사는 3개월 동안 목발을 짚어야 한다고 말했다.

당시 14세였던 아들에게 런던 여행을 약속해둔 상태였다. 그래서 아들은 두 다리로, 나는 목발을 짚고 열흘 동안 런던을 돌아다녔다. 마담투소 박물관에 입장하기 위해 긴 줄에 서 있을 때 제복 입은 남자가 다가왔다. "선생님, 이쪽으로 따라오세요!"

그가 우리를 장애인 출입구로 안내한 덕분에 기다리지 않고 박물관에 입장했다. 그다음부터는 웨스트민스터 사원, 대영박물관, 국립미술관, 빅토리아앨버트 박물관, 테이트브리튼미술관 등에서 항상 특별 입구로 직행했다.

나는 앞으로 도시를 여행할 때면 항상 목발을 짚으리라 결심했다.

더욱 흥미로운 골절도 있었다. 크로스컨트리 스키를 타다가 꼬리뼈가 부러졌을 때였다. 스키장 경사면을 따라 내려가다가 급류를 가로지르는 다리 앞에서 길이 휘어지는 것을 보았다. 그러나 바로 그곳에 산책하는 사람들의 발자국이 마구 뭉개져 있었다. 방향을 틀지 못하면 차가운 얼음물에 고꾸라지면서 바위에 부딪혀 몸 어딘가가 다칠까 봐 겁이 났다. 그래서 단단히 얼어붙은 눈 속으로 몸을 날렸고, 그때 뻐꾸기뼈 또는 꼬리뼈라고도 불리는 미골이 부러졌다.

왜 뻐꾸기뼈인지는 설명할 수 없지만, 꼬리뼈는 설명할 수 있다. 미골에 붙어 있는 3~5개의 척추뼈는 아주 옛날에 꼬리가 있던 자리에 남은 부분이다.

이 꼬리가 퇴화하지 않고 그대로 남아 있었다면 어땠을지 상상하게 된다. 친구들은 물론이고 크리스티안 삼촌, 펠리치타스 숙모가 집에 오면 반갑다고 꼬리를 흔들까? 잔뜩 긴장한 수험생들은 다리 사이에 꼬리를 집어넣고 시험장에 들어갈까?

그건 그렇고, 인간을 제외하면 포유류 대부분은 음경 뼈가 있다. 많은 남성이 이 사실을 질투한다. 음경 뼈가 있다면 모든 발기 문제가 해결될 것이기 때문이다. 한편 고릴라의 성기는 고작 3센티미터에 불과하다. 대신 실버백 수컷 고릴라는 몸을 곧추세워 강렬한 인상을 남긴다. 이로써 영구적인 전신 발기 그 자체를 표현한다.

다리 사이의 음경 뼈 역시 언제든지 방해가 될 수 있고 부러질 수도 있다는 점도 명심해야 한다.

다시 나의 부러진 꼬리뼈로 돌아가자.

몇 주 동안은 앉아 있을 수가 없었다. 엉덩이가 너무 아파서 앉지 않는 것 말고는 할 수 있는 일이 거의 없었다. 내 직업으로 볼 때 뭐랄까, 쉽지 않은 일이었다. 북콘서트 일정을 위해 뮌헨에서 함부르크까지 가는 여섯 시간 동안 기차에서 서 있거나, 옆으로 거의 누워 있거나 엉덩이를 떼고 기마자세로 버티는 것은 쉽지도 평범하지도 않은 일이다.

그래서 정형외과 의료용품 매장에서 푹신푹신한 도넛 방석을 샀다. 수영을 못하는 아이가 항상 튜브를 들고 다니는 것처럼 나 역시 항상 이 방석을 가지고 다녔다. 기차에서도 이 방석에 앉아 꼬리뼈의 아픔을 달랬다.

도넛 방석 위에 앉은 모습은 마치 옷을 입은 채 변기에 앉아 책을 읽거나 샌드위치를 먹거나 노트북을 쓰는 사람처럼 보였을 것이다.

수년 전, 인생에 더 초연해지기 위해 명상을 시작했다. 그 후로 매일 아침 의자에 앉아 만트라를 웅얼거리며 집중하고 있다.

이쯤에서 밝히자면, 우리 집 남자들은 늘 재채기를 격렬하게 하는 경향이 있다. 할아버지는 코와 입을 막고 재채기를 하다가 체내 압력이 너무 올라가는 바람에 머리카락이 로켓처럼 하늘로 송두리째 솟았다가 몇 미터 밖에 떨어졌다고 한다. 그 후로 대머리가 되셨다나 뭐라나. 그뿐만이 아니다. 재채기의 충격으로 발톱까지 신발을 뚫고 삐져 나왔다고 한다. 한마디로 재채기가 머리에서 발끝까지 뒤흔들 만큼 격렬했다는 이야기다.

그의 아들인 나의 아버지는 집에서 보고 들은 경험 때문에 늘 재채기를 사방이 탁 트인 야외에서

했고, 재채기 한 번으로 나무들을 쓰러트린다는 소문이 파다하게 퍼졌다. 한번은 집 앞 진입로를 막고 주차된 리무진을 재채기로 날려버렸다는 소문도 있었다. 재채기를 무술처럼 사용하여 폭력배들을 쉽게 제압하거나 누군가 총을 쏘면 재채기로 그 총알을 다시 총구로 돌려보낼 수 있다고도 주장했다.

나는 감기에는 좀처럼 걸리지 않지만 먼지 알레르기가 있다. 그래서 재채기를 한번 시작하면 온몸으로 8~10번씩은 해야 한다. 재채기라는 말은 '스테르누타치오Sternutatio'라는 라틴어로 대체해서 사용한다. 재채기하는 사람은 라틴어로 스테르누탄트Sternutant이다. 훨씬 듣기 좋지 않나?

"부인, 저는 스테르누탄트입니다!"

어느 날 저녁, 명상 자세를 취하고 막 앉았을 때 먼지가 코를 간지럽히면서 재채기가 났다. 한 번, 또 한 번, 또 한 번. 엄청난 폭발이 집을 뒤흔들었다. 여덟 번째 그리고 아홉 번째, 그때 누군가 내 몸통에 칼을 꽂은 것처럼 오른쪽 등에 통증이 닥쳤다.

다음 날 아침 8시에 정형외과로 향했다. 의사는 면도도 하지 않은 채 피곤한 눈으로 나를 살폈고, 감기에 걸렸으면서도 마스크를 입과 코가 아니라 턱에 걸치고 있었다. 그는 근육이 어쩌고저쩌고 몇 마디 중얼거리더니 진통제와 물리치료를 처방했다. 이틀 후 나는 물리치료실에 갔다.

물리치료사는 의사가 지나쳤던 내 등을 만졌고, 마치 느슨해진 나사가 움직이는 것 같은 덜거덕거림을 감지했다. 다시 병원에 방문했을 때 뭔가 문제가 있다는 얘기를 들었다. 그제야 정형외과 의사는 CT를 찍어보자고 했다. 방사선과로 가서 몸 내부를 들여다봤을 때 비로소 오른쪽 맨 아래 갈비뼈가 부러졌다는 것을 확인했다.

건강염려증 환자의 필독서인《영국 의학 저널 British Medical Journal》에서 읽었던, 레스터 대학병원의 완딩양 연구진의 흥미로운 보고서가 생각났다. 34세 남자가 무언가를 삼킬 때의 극심한 통증과 언어 장애 때문에 병원에 실려 왔다. 몸에서 덜거덕거리는 소리가 났고, 목 안에 찢어진 부분이 있었으며, 공기가 들어가선 안 되는 목 조직층에서 공기가 발견되었다. 남자는 7일간 입원해 튜브로 영양을 공급받으면서 염증 예방을 위해 항생제 치료를 받았다. 그 후 모든 것이 괜찮아졌다.

이 남자는 어쩌다 다쳤을까?

정답: 코와 입을 막고 재채기를 하다가 내부 압력 폭발로 몸속이 초토화되었다. 네덜란드 의사의 이름을 딴 '보어하브 증후군Boerhaave-Syndrom'얘기다. 대부분 폭발성 구토로 인해 식도가 찢어지는 증상이 발생하며 즉시 수술하지 않으면 대개 사망에 이른다.

그리고 메릴랜드 대학의 로버트 프로빈Robert R. Provine이 자신의 책 『기이한 행동: 우리는 왜 하품, 웃음, 딸꾹질 등을 하는가Curious Behavior: Yawning, Laughing, Hiccupping, and Beyond』에 쓴 내용도 생각났다. "재채기는 아주 힘든 일이어서, 강한 사람이라도 위험할 수 있다." 프로빈은 입을 막고 재채기한

다음 허리 부상 때문에 몇 달 동안 고생한 운동선수들의 사례를 인용했다. 그 외에도 추간판 탈출증, 망막박리, 뇌졸중, 유산도 언급했다.

갈비뼈 골절은 말할 것도 없다.

적어도 명상을 하다가 재채기 때문에 뼈가 부러진 사람은 아마 내가 유일할 거라고 생각했다. 최초 발견자의 이름을 따서 벌레 이름을 짓는 것처럼, 내 이름을 따서 병명을 정할 수도 있지 않을까?

재채기 후 갈비뼈 골절, 하케병.

"골감소증도 있으시네요." 방사선과 의사가 말했다.

"그게 뭡니까?" 내가 물었다.

"골다공증의 전 단계입니다. 뼈가 약해졌어요."

나는 패닉에 빠져, 나에게 살아 있는 진정제와도 같은 노교수이자 내과 의사인 D를 만나러 갔다. 어떨 땐 그를 보기만 해도 맥박이 10회 정도 줄어든다.

D는 골감소증도 골다공증도 없다고 말했다.

"검사도 안 해보고, 그걸 어떻게 아십니까?" 내가 물었다.

"불과 1년 전에 검사를 했었으니까요. 그때 모든 게 정상이었습니다. 이렇게 짧은 시간에 문제가 생겼을 리 없어요. 게다가 CT로는 확인할 수도 없습니다. 특별한 엑스레이 기기가 필요해요. 아무튼, 1년 전에 모 방사선과 의사에게 검사를 받았습니다. 거길 다시 가보면 알게 되겠네요."

나는 시키는 대로 했다. 모 방사선과 의사는 특별한 엑스레이 기기로 나를 검사했고 D와 똑같이 말했다.

"그런데 선생님의 동료분은 왜 그런 진단을 내렸을까요?" 내가 물었다.

"아마도 이 특별한 기기가 없었을 겁니다. CT뿐이었겠죠."

"그나저나 이제 내 갈비뼈는 어떻게 되는 겁니까?"

"저절로 나을 겁니다. 시간은 좀 걸리겠지만요."

그 말대로 되었다. 문제의 갈비뼈가 반대쪽 갈비뼈와 정확히 다시 만나지 않고 살짝 어긋난 것만 제외하면. 숨을 깊게 들이쉴 때면 가끔 그것이 느껴진다. 약간의 통증과 찝힘 그리고 부드럽게 흐르던 뭔가가 턱에 걸리는 듯한 느낌.

그것은 내 안에 잠복해 있다가 언제든지 분출될 수 있는 화산의 힘, 내 안에 숨어 있는 재채기 베수비오 화산을 떠오르게 한다.

귀

늦은 밤 슈투트가르트에서 기차를 타고 뮌헨으로 가는 중이었다. 기차가 열심히 달리는 동안 나는 아직 작성되지 않은 이번 장에 대해 궁리하며 열여덟 살부터 앓고 있는 이명을 떠올렸다. 그러니까 내 이명은 50년이 넘었다.

귓속에 있는 그 소리, 그것은 뭘까?

이명, 나 외에는 아무도 들을 수 없는 소리. 치통이나 복통처럼 그것은 오직 나만을 위해 존재한다. 아무도 듣지 못하고 오직 나만 느낄 수 있다. 소리는 대개 외부 세계에서 발생하여 감지된다는 점에서 이명은 독특하다. 이명의 소리는 외부 세계가 아니라 내 머릿속에서 생긴다. 내가 아는 한, 그런 소리가 어떻게 머리에서 발생하는지는 아직 밝혀지지 않았다.

이명은 항상 거기에 있다. 하지만 몇 달 동안 조용할 때도 있다. 때로는 몇 년 동안 까맣게 잊고 살기도 한다. 요즘은 어디에 있는 걸까? 이런 생각을 하는 순간 다시 나에게 도착한다. 내게 이명이 있다는 사실을 인식하자마자 그 소리가 들린다.

내 안에 존재하는 어떤 소리를 만약 내가 듣지 못한다면, 그 소리도 존재하지 않는 것인지 궁금해졌다. 외부 세계에 존재하는 소리는 다르다. 자동차가 경적을 울렸을 때 나는 듣지 못하더라도 경적 소리는 존재한다. 다른 사람이 소리를 듣고 내게 말해 줄 수도 있다. 이명은 그럴 수 없다.

오랫동안 들리지 않았던 이명을 기차에서 떠올린 순간, 그 소리가 깨어났다.

그러고는 한 가지 실험을 했다. 이어폰을 꽂고 한 번도 들어본 적 없는 음악을 틀었다. 막내아들이

추천한 음악으로, 스포티파이에는 '실험적 독립 아티스트 및 레이블' 카테고리에 들어 있었다. 미국 여성 아티스트인 카리인Káryyn의 〈아는 사람들을 위한 애국가Anthem For Those Who Know〉 또는 영국 밴드 헤드에이크Headache의 앨범 〈머리는 아프지만 심장은 진실을 안다The Head Hurts but the Heart Knows the Truth〉 등과 함께.

우리 아이들에게는 이동 중에 이런 식으로 음악을 듣는 일이 일상적이다. 다른 사람들 역시—기억하는 사람이 아직 있을지 모르지만—워크맨이 등장한 이후로 이동 중에 음악을 듣는 데 익숙해졌다. 하지만 내게는 이 모든 것이 낯설고, 새롭고, 그럼에도 멋지고, 약간 몽환적이고, 환각적이고, 재즈 같고… 아무리 궁리해도 마땅한 개념어가 떠오르지 않는다. 나는 밖에서 음악을 듣지 않고 심지어 달릴 때도 마찬가지다. 주변 세상의 소리를 듣고 싶어서 워크맨은 사용하지 않으며, 이어폰도 아주 가끔 사용한다. 예를 들어 지금 여기 기차에서처럼.

이제 내 머릿속에는 음악이 있고 눈앞에는 어둠에 잠긴 바깥 풍경이 있다.

이어폰을 꽂은 채 기차에서 내려 플랫폼 주변을 둘러봤다. 자동차, 택시운전사, 집, 모든 것이 조용했다. 그곳에서 나야 할 당연한 소리가 사라졌다. 그러나 음악이 있었다. 마치 세상이 영화나 꿈이 된 것 같았다. 음악이 모든 것을 바꾸었다. 아니, 더 정확히 말해 청각이 세상을 바꾸었다. 어떤 장면의 한복판에 내가 있다. 그러나 음악은 다른 곳에서 왔다.

두 감각을 분리하면 이런 일이 발생한다. 시각과 청각이 연결되지 않고, 장면에 새로운 소리가 입혀진다.

그렇게 듣다 보면 다른 세상이 새롭게 만들어진다. 앞으로 더 자주 이렇게 할 것 같다고 생각했다. 우리는 때때로 이전과 다르게 행동할 필요가 있다.

그러다가 문득 생각했다. 나의 오랜 친구, 이명은 어디 갔지? 그 즉시 음악 밑바닥 깊은 곳에서 이명이 모습을 드러냈고 그 소리에 빠져들었다.

나는 음악 소리를 최대로 키웠다.

이명은 그대로였다.

이명을 깨우면서까지 청각에 관한 글을 쓰는 것이 잘하는 일일까.

휘파람-사이렌-톱질 소리는 귀뚜라미 음파의 주파수로 들린다. 그래서 나는 군 복무 시절 이후 귀뚜라미 소리를 들어본 적이 없다. 귀뚜라미가 운다는 것은 알지만 들을 수가 없다. 귀뚜라미를 볼 수도 있고 만져볼 수도 있고, 필요하다면 맛볼 수도 있겠지만 듣지는 못한다.

군 복무 시절에 사격 훈련을 받을 때의 일이다. 사격 전에 귀마개를 받았지만 크기가 맞지 않아 착용하면 귀가 아팠고, 그래서 아무도 귀마개를 사용하지 않았다. 게다가 귀마개 착용은 어쩐지 남자답지 않다고 여겨졌다. 착용을 강제하는 상사도 없었다.

사격 후에 귀가 먹먹해졌는데, 그때 갑자기 귀에

서 휘파람-사이렌-톱질 소리가 들렸다. 당시에는 별다른 신경을 쓰지 않았다. 하지만 먹먹함이 사라지고 나서도 소리는 그대로 남았다. 3개월이 지나자 성가시기 시작했다. 병원에 방문해 폭발음 트라우마를 이야기했다. 곧장 군 병원으로 보내졌다. 그때는 이미 탱크병으로 복무 중이었다.

많은 군의관이 그렇듯, 탱크부대가 하는 일을 몰랐던 젊은 의사는 귀의 혈액순환을 개선하기 위해 코르티손 주사를 처방했고, 소음을 멀리하라고 지시했다.

"저는 탱크병입니다." 내가 말했다.

군의관은 탱크에 있으면 소음이 크냐고 물었다.

"네, 특히 대포가 발사될 때 그렇습니다. **굉음이 납니다.**"

그러면 탱크병을 더는 하면 안 된다고 그가 답했다.

그날 이후로 나는 임무에 부적합한 사람이 되었다. 상사와 장교 들은 나를 이상한 사람 취급했다.

나에게만 들리고 다른 사람은 듣지 못하는 소리가 귀에서 울리는 것을 두고, 내 귓속에 분명 난쟁이가 앉아 있을 거라고, 그들은 말했다.

그러나 그들도 의사의 지시를 무시할 수는 없었다. 나는 남은 복무 기간을 행정부사관 교육 조교로 보내게 됐다. 그 일은 나와 잘 맞았다. 원래 탱크를 싫어했으니까.

시간이 흘러 38세가 됐을 때 아버지가 갑자기 돌아가셨다. 73세였는데, 신호등 교차로에서 심장마비가 와서 의식을 잃은 채로 가속페달을 밟아 차가 채소 가게로 돌진했다. 다행히 아버지 외에는 아무도 다치지 않았다. 차가 멈췄을 때 아버지는 이미 심정지 상태였다.

그 일이 있고 얼마 후 갑자기 청각을 잃었다. 거의 잊고 살았던 휘파람 소리가 점점 더 커졌다.

다시 병원. 코르티손. 안정.

모든 것이 나아졌다.

4년 반 후, 어머니가 71세에 돌아가셨다. 아버지

와 똑같이 갑자기.

인생이 극도로 힘들게 느껴진 몇 해였다. 나는 이미 책을 몇 권 출간했고, 쓰는 일을 좋아했다. 하지만 직업은 여전히 신문기자였다. 어렸을 때부터 꿈꿔왔던 직업이었음에도….

그렇다, 기자가 꿈이었다. 그런데 계속 이렇게 살고 싶나?

기자 생활에서 즐거웠던 일은 배움과 글쓰기였다. 다른 사람들의 인생에서 배우기. 나는 다른 사람을 이해하기 위해 노력하는 것을 좋아했다. 글쓰기도 좋아했다. 내가 본 것을 표현하는 형식 찾기. 나를 표현하기. 이야기 전하기.

하지만 기자 생활에는 마음에 들지 않는 점도 있었다. 사건에 따라 일상이 좌지우지되어 계획을 세울 수 없었다. 사건이 발생하면 갑자기 어딘가로 떠나야 하는 일이 비일비재했다. 충분히 조사하지 못한 채 짧은 시간에 기사를 작성해야 하는 일도 두려웠다.

극단적 시간 압박.

토요일까지 신문 한 면을 내 기사로 채워야 한다는 부담을 안고 월요일에 출발한 적도 있다. 며칠간 지속되는 두통을 아스피린으로 버텼다.

이 일이 더는 마음에 들지 않았다. 하지만 나에게는 아이가 있었고 직업을 포기하기에는 두려웠다. 젊지 않았고 돈도 필요했다.

어느 날 아침, 전혀 관심 없는 주제를 취재하러 첫 비행기를 타고 베를린으로 갈 예정이었다. 전날 저녁에 아내와 함께 〈양들의 침묵〉을 보았는데, 모든 사이코 스릴러 영화와 마찬가지로 영화를 보고 나니 몹시 불안해졌다.

새벽 4시에 머릿속에서 웅웅 거리는 소리가 들려 잠에서 깼다. 마치 고장 난 형광등에서 나는 소음 같았다. 귀가 먹먹했다. 무슨 일인지 알아차리자마자 출장을 취소하고 병원에 갔다.

갑작스러운 청각 상실.

코르티손. 안정. 다시 모든 것이 나아졌다.

그러나 '나아졌다'는 것은 상대적이다. 웅웅 거리는 소리가 사라지면 잘 들리긴 했지만 이명은 여전히 남아 있었다. 아니, 더 커졌다. 전에도 이렇게 컸던 적이 있었다. 이제 다시 그때만큼 커졌다.

하지만 이번에는 깨달음도 있었다. 나는 뭔가를 해야 한다! 인생을 바꾸지 않으면 그 끝이 좋지 않을 것이다. 하고 싶지 않은 일을 그만 끝내라고 몸이 울부짖게 두는 것은 잘못된 일이다.

그래서 사표를 냈다. 기자 생활을 마감하고 작가와 칼럼니스트가 됐다. 고정된 급여가 사라졌다. '너, 미쳤구나!' 아버지가 살아 계셨더라면 안정된 직장을 포기하지 말라고 했을 것이다. 물론 안정은 중요하다. 나도 아버지만큼 그것을 잘 안다. 하지만 아버지에게는 안정이 가장 중요했다.

아버지는 돌아가셨다.

이제는 확신할 수 있다. 아버지는 분명 마음 깊이 나를 부러워하고 어쩌면 존경했을 것이다. 물론 내 상상에 불과할 수도 있다. 아버지에게 있었다면 좋았겠다고 내가 바라는 성향을 일부러 찾아내는 것일 수도 있다. 돌아가신 아버지를 이상화하고 있는 것일 수도 있다.

'그래서 뭐? 그러면 안 되나? 이렇게나 오랜 세월이 흐른 뒤, 아버지에게서 좋은 점을 발견해내면 왜 안 되지? 좋을 수도 있잖아? 이 나이에 아버지와 화해하면 왜 안 돼?'

확신하건대 아버지는 전쟁과 부상, 형제의 죽음 이후에 자신이 원했고 될 수 있었던 사람이 되지 못했다.

하지만….

나 역시 오랫동안 그러지 못했다가 우여곡절 끝에 그런 사람이 되었다는 기분이 들어, 지금은 아주 감사하게 생각한다.

이명은 인생에서 자신, 즉 몸과 영혼을 마땅히 돌봐야 할 때 그러지 못했던 시절을 영원히 떠올리게 한다. 나는 사격용 귀마개를 사용하지 않았고, 휘파람 소리도 무시했다. 하고 싶지 않은 일을 하러 멀리 가야만 했다. 귓속에서 울리는, 끓는 주전자의 비명이 비로소 나를 멈춰 세웠다. 아무 일 없는 척 살아가지 못하게 막았다. 귓속의 사이렌이 길을 잘못 들었다고 알려주었다.

그것이 없었더라면 분명 변하지 못했을 것이다. 영혼이 길을 잃었을 때, 때로는 몸이 개입하기도 한다. 나는 그것을 내 귀로 똑똑히 들은 증인이다.

아니면 그 반대일까? 몸이 길을 잃었을 때 영혼이 개입한 걸까? 아니면 몸과 영혼은 하나이고 분리될 수 없으니, 모두 헛소리에 불과할까?

프랑스 의사이자 해부학자인 조제프 기샤르 뒤베르네Joseph-Guichard Duvernay는 최초로 이명을 실제 소음이 아니라, 우베 슈타이너Uwe C. Steiner가 『귀의 소음과 신의 목소리Ohrenrausch und Götterstimmen』에서 표현한 것처럼, 귀에서 생긴 '환상지각'이라고 정의했다.

머리에 강한 충격을 가하면, 실재하지 않는 별이 보이기도 한다.

귀 의학의 창시자인 뒤베르네는 1683년에 자신의 책 〈청각기관에 관한 논문 Traité de l'organe de l'ouïe〉에서, 귀의 소음은 대부분 내부 현상이라고 설명했다. 그때까지 우리가 몰랐던 사실이었다. 사람들은 귀에서 나는 휘파람 소리와 쉭쉭 소리에 어리둥절해하며 그것이 신의 목소리나 그 비슷한 것이라고 이야기했다.

갑자기 명확해졌다. 귀는 수신 기관일 뿐만 아니라 창조적 기관이기도 하다. 자극이 도달하여 전달되는 것만이 아니다. 정신적 영향이 귀에서 나는 소리로 바뀌기도 한다. 그러나 그것은 환청 같은 것이 아니라 실재하는 소리다. 다만, 다른 사람이 들을 수 없을 뿐이다.

참 어려운 얘기다!

계몽주의 시인 바르톨트 하인리히 브로케스 Barthold Heinrich Brockes는 1727년에 다음과 같이 썼다.

우리가 듣는 소리는
귀에 있는 영혼을 통해
그리고 바깥이 아닌 곳에서 만들어지고,
이 사실은 다음을 명확히 제시한다.
어떤 흐름이 머리를 막으면,
그것이 포효하고 두드리는 소리가 들리고,
그 소리는 밖에서 울리지 않고
우리 자신 안에서 발생한다.

'귀에 있는 영혼', 그것은 과학자들이 다룰 수 있는 대상이 아니다. 나는 다르다. 나는 뭔가를 할 수 있다. 계몽주의 사상은 인간을 자아로, 즉 세상을 창조하길 원하며 할 수 있는 주체로 보았다. 따라서 이렇게 생각할 수도 있다. 나의 몸과 영혼, 즉 자아가 스스로 소리를 만들어낼 수 있다면, 이 자아는 그 소리에 의미를 부여할 수도 있어야 마땅하다!

이명이 없었다면 내게 무슨 일이 일어났을까? 나는 지금 어디에 있을까?

적어도 내가 지금 있는 이곳, 행복하게 지내는 곳, 남들이 아니라 내가 하고 싶은 일을 하는 그런 곳은 아니었을 것이다. 그렇기 때문에 이명은 내게 의미가 있다. 그것은 내 몸이 가진 역사의 일부이다. 그것은 몸이 내게 전하는 이야기다.

아니면, 내게 부는 휘파람이다.

루소, 말할 수 없는 고통을 겪은 베토벤, 카프카, 릴케 등, 수많은 사람이 이런 소음에 고통받았고 고통받고 있다. 뭉크의 그 유명한 1893년 작 〈절규〉는 이명 환자를 표현한 것으로 해석된다. 이런 관점에서 보면, 이런 운명이 얼마나 끔찍한지 짐작할 수 있다.

이명은 '시대의 질병'이라 불렸다. 슈타이너도 책에서 이를 '불안의 시대를 표현하는 질병'이라고 표현했다. 철학자 에곤 프리델Egon Friedell은 1927년 『근대문화사』에서 다음과 같이 썼다. "모든 시대는 시대의 질병을 만들어낸다. 이 질병은 시대가 만들어내는 다른 모든 것과 마찬가지로 그 시대의 모습을 보여준다. 그것은 예술, 전략, 종교, 물리학, 경제, 에로티시즘, 여타 모든 삶의 현상과 마찬가지로, 시대의 구체적 산물이고, 말하자면 병리학 분야의 발명이자 발견이다."

나는 혼자가 아니다. 때때로 괴롭기도 하지만, 이명은 이야기가 되었다. 이야기는 전달되고 정리되었다가 다시 발굴되기도 한다. 이명은 내 인생을 바꾸었다. 이명은 조용히 자신을 돌보라고, 사이렌 소리로 일깨워준다.

조용히 나를 돌볼 때, 이명을 잊는다. 더는 그것이 필요하지 않다.

검지

왼쪽 집게손가락 끝마디에는 5센티미터 길이의 가는 흉터가 있다. 칼에 베인 흉터이고 생긴 지 3년이 되었다.

3년 전 '야생 모험가를 위한 최고의 주머니칼'이라는 제목의 비교 후기를 하나 읽었다. 나는 이런 글을 좋아한다. 예를 들어, 토마토 통조림의 비교 후기를 읽어보고 최종 우승자를 한 상자 주문하는 식이다. 손 세정제 역시 후기를 읽고 최고의 제품을 선택한다.

그런 의미에서 야생 모험가를 위한 가장 날카롭고 실용적이며 아름다운 주머니칼을 주문했다.

10점 만점에 10점을 받은 '안정적으로 손에 착 잡히는 콤팩트한 칼'. 나무를 자르는 데도 완벽하다고 했다. "어떤 재료든 쉽게 절단한다."

'절단의 기적.'

며칠 뒤, 이탈리아의 어느 섬에서 정원에 해먹을 설치할 때였다. 새로 산 카라비너(둥근 철제 테에 스프링이 달려서 여닫을 수 있는 등산용 장비)는 판지에 케이블 타이로 고정되어 있었다. 아주 단단히. 이 빌어먹을 포장은 찢고, 물어뜯고, 던지고, 어떻게 해도 뜯기지 않았다.

그래서 칼을 썼다.

케이블 타이를 자를 생각이었다. 당연히 몸 바깥쪽으로 칼을 미는 방법이 합리적이었겠으나 대신 일상을 망치는 부주의한 행위를 시도했다. 몸쪽으로 칼을 당긴 것이다.

칼은 후기와 달리 플라스틱 끈을 쉽게 자르지 못했고, 옆으로 미끄러지더니 왼쪽 집게손가락 관절 바로 옆에 깊은 상처를 냈다. 피가 철철 흘렀다.

즉시 수건을 가져와 지혈하면서 친구에게 전화를 걸었다. 친구는 섬에 있는 한 병원으로 나를 데려갔다. 마치 제삼세계처럼 보이는 곳이었다. 그곳에서는 피에 젖은 수건을 손가락에 감고 있는 나 같은 환자는 대기실에서 두 시간을 기다려야 했다. 병원 인력이 부족해 오토바이 사고로 몸 여기저기가 잘려나간 사람들이 먼저 치료를 받아야 했기 때문이다.

이곳에서는 이런 일이 비일비재하다.

또한, 그들을 먼저 치료하는 것이 맞다.

의사는 내 상처를 살피더니 곧바로 꿰매겠다고 말했다. 심각하지는 않구나 싶어 안도의 한숨을 내쉬었다. 그러나 그다음, 의사는 피막이 손상되어 힘줄이 잘렸을 수도 있으니 정형외과 의사가 살펴봐야 할 것 같다고 덧붙였다. 나는 심호흡을 했다. 역시 심각한 부상이었다. 기다림 끝에 정형외과 의사가 오더니 피막만 손상되었을 뿐 힘줄은 끊어지지 않았다고 말했다. 신경도 다치지 않았다. 신음을 뱉었다. 절반만 심각한 부상이었다.

정형외과 의사는 가운을 벗어둔 채 소매가 없는 짙은 회색 옷을 입고 있었다. 이 독특하고 우아한 40대 여성은 퇴근 시간이 지난 지 오래였지만 여전히 병원에 있었다. 그녀의 거대한 검은 안경과 톱질하는 듯한 목소리가 기억난다. 상처를 꿰매면서 간호사와 요리 레시피에 대해 대화했다. 나하고는 한마디도 나누지 않았다. 심지어 쳐다보지도 않았다. 인사도 없었다. 일곱 바늘. 공예품을 만드는 장인처럼 훌륭하게 작품을 완성했다.

"그 빌어먹을 칼로 도대체 뭘 하려던 거였어?" 놀란 채로 급히 병원으로 달려와 밖에서 기다리고 있던 아내가 물었다.

"주머니칼을 가지고 다니면 멋질 것 같았지! 남자와 칼." 내가 말했다. 주머니칼로는 막대기에 멋진 문양을 새길 수도 있고, 풀을 벨 수도 있고, 정원 호스를 자를 수도 있다.

만에 하나 칼이 손가락이 아니라 가슴 쪽으로

미끄러져 심장이 있는 갈비뼈 사이를 지났더라면 어떻게 되었을까 상상해보았다.

신문에 보도될 일이다.

'한 작가가 카라비너 포장을 뜯으려다 자기 몸을 찌르고 말았다.'

손가락 부상으로 끝난 게 천만다행이었다.

열흘 동안 부목을 대고 있느라 왼쪽 집게손가락이 평소보다 열 배쯤 뚱뚱해졌다. 중지가 아니라 얼마나 다행인가! 게다가 하늘색 붕대로 감겨 있어서 못 보고 지나칠 수가 없다. 하마터면 빨간색일 수도 있었다. 병원에서 원하는 붕대 색을 물었을 때 지나치게 눈길을 끌고 싶지 않아서 그나마 무난한 하늘색을 골랐다.

모두가 손이 왜 그렇게 되었는지 물었다. 그들에게 일일이 사건의 자초지종을 설명했다. 더 정확히 말하면, 지인 중에 이 얘기를 듣지 않은 사람이 없다. 하늘색으로 감싼, 과장을 조금 보태서 맥주병 굵기의 꼿꼿한 집게손가락은 어디에서든 이목을 집

중시킨다. 게다가 나는 이런 일을 이야기하길 좋아한다. 아마도 내가 자기 중심적인 사람이라 그럴 것이다.

어쩌면 내가 이야기하는 걸 아주 좋아하기 때문일 수도 있다. 이야기 들려주기, 그것이 내 직업이다.

말이 나왔으니, 집게손가락의 속성에 대해 잠깐 이야기해보자.

집게손가락은 옛날부터 늘 권력과 권위, 그리고 위협과 지시의 상징이었다. 교사, 종종 편집장이나 대통령도 경고하듯 집게손가락을 치켜세운다. 위쪽을 가리키는 이 손가락은 이슬람교 전통에서 유일신을 칭송하는 신앙고백의 표시이다. 그러나 이슬람 무장단체인 ISIslam State에서는 지배의 몸짓이자 테러리스트 형제들의 상징으로 사용된다. 선수들이 환호할 때도 집게손가락이 등장한다. 포뮬러 1 세계 챔피언을 네 번이나 차지한 제바스티안 페텔Sebastian Vettel은 환호할 때, 2006년 스파프랑코르샹Spa-Francorchamps 경주 도중 심하게 다쳤던 오른

검지

쪽 집게손가락을 높이 치켜올린다. 당시 사고를 지켜봤던 증인들 가운데 일부는 손가락 끝을 꿰매서 그렇다고 주장하고, 어떤 사람들은 뼈가 부러져서 그렇다고 주장한다.

미켈란젤로가 그린 시스티나 성당 천장의 프레스코화 〈아담의 창조〉도 빼놓을 수 없다. 신은 자신의 오른쪽 검지를 아담의 왼쪽 검지를 향해 뻗는다. 아담은 손 전체를 내민 것처럼 보이나 수줍은 듯 조심스럽게 신의 손가락을 향해 집게손가락 하나만 뻗는다.

요즘 나는 아담이 손가락에 부목을 대고 파란색 붕대를 감은 모습을 상상해보곤 한다.

검지로 무언가를 가리키는 행위는 힘의 전달을 암시한다. 그래서 검지로 남을 가리키는 행위는 부적절하다. 우리는 어릴 때부터 이 행위를 하면 "안 돼!"라는 엄한 꾸지람을 들었다. 그런데 왜 안 될까? 그 이유는 다소 이기적이다. 검지로 남을 가리키는 사람은 그 행위로 힘을 잃게 되기 때문이다.

짧은 손가락 이야기 여행은 이쯤에서 끝내자.

이런 면에서 보면 검지를 자르는 것은 심오하고도 과감한 의미가 있다. 적어도 왼쪽만이라도.

문득 이야기 하나가 더 생각났다. 손과는 관련이 없는 타인의 호들갑에 관한 이야기로, 텔레비전 인터뷰 중에 배에 총을 맞은 영화감독 베르너 헤어초크Werner Herzog의 일화다.

한 미치광이가 공기총을 들고 돌아다니다가 의도치 않게 헤어초크를 향해 총을 쐈다. 방송으로 봤다면 조용하면서도 둔탁한 탕 소리만 들었을 테고, 헤어초크가 총에 맞았는지도 알아차리지 못했을 것이다. 그 역시 방금 그게 무엇이었냐고 물었고 바지 단추를 풀어 직접 확인했다. 그런 다음 사각팬티를 살짝 내렸다.

배꼽 근처에 작은 구멍이 났고 약간의 출혈이 있었다.

별거 아니라며 그는 바지 단추를 채웠다. 인터뷰는 다시 계속되었다.

헤어초크는 자신의 회고록 『하늘은 스스로 돕는 자를 돕는다Jeder für sich und Gott gegen alle』에서 이런 종류의 이야기들을 들려준다. 예를 들어, 영화 세트장에서 독사에 발을 물린 남자가 있었다. 그는 수명이 60초밖에 남지 않았다는 사실을 알았다.

불행 중 다행으로⋯ 그는 전기톱으로 발을 자르고 살아남았다.

나라면 못 했을 것이다. 전기톱으로 포장을 뜯으려다 의도치 않게 그런 일이 벌어진다면 몰라도.

'으으으으으으으으', 내 손가락 이야기를 들은 사람들은 이런 소리를 낸다. 어떤 사람들은 심호흡을 하며 조용히 신음한다.

'후우우우우우⋯.'

'하아아아아아⋯.'

집게손가락이 거대해진 동안에는 글쓰기가 쉽지 않았다. 평소 검지 두 개를 이용해 독수리 타법으로 타자를 치는데, 이제는 검지의 왼쪽 이웃인 중지로 대신하려니 경험 부족으로 쉽지 않았다. 중지는 뻣뻣한 맥주병 검지에 가려져 종종 캡스락 키를 눌러 대문자로 바꿨다. 그러면 기껏 쓴 글을 모두 삭제해야 했다.

우리는 때때로 작가는 글로 사회의 상처를 손가락으로 가리켜야 한다는 이야기를 읽는다. 나는 작가인데, 손가락을 다쳤다.

한편으로는 놀랍게도 이 상황에 아주 빨리 익숙해졌다. 처음에는 혼자서 셔츠를 입을 수 없었지만, 나중에는 손가락 부목으로 손이 닿지 않는 등 부위를 긁을 수 있었다. 손가락 부목과 만화에 나오는 해적 선장의 금속 갈고리는 비슷해 보였다. 부목 끄트머리에 나선형 홈을 파서 필요에 따라 숟가락, 망치, 커피잔 같은 것을 고정하면 어떨까 하는 생각도 들었다.

아니면 주머니칼.

아니면 만약의 경우를 대비하여 소형 전기톱.

열흘 후 실밥을 제거했다. 나는 붉은 기운이 감도는 나의 반가운 손가락을 보았다. 흉터는 차츰차

즘 피부색과 비슷해졌다. 지금은 처음에 말한 것처럼 실 같은 가는 줄만 남았다.

그런 흉터가 내게 남아 있다.

또 무엇이 남아 있을까? 칼 공포증. 나는 그 일 이후로 다시는 주머니칼을 쓰지 않는다. 주방에서 식재료를 썰 때도 매우 조심해서 칼을 다룬다. 언제나 칼같이 날카롭게 조심한다. 인간은 학습하는 동물이다.

부주의의 반대말은 무엇인가?

주의! 바로 그거다.

치아

치아 하나를 뽑았다. 왼쪽 가장 안쪽 어금니. 치과 의사인 친구는 그것을 3-7이라고 부르더니 가망이 없다고 말했다. 그는 내 치아를 두고 마치 수의사처럼 이야기했다. 관절염 때문에 삶이 지옥으로 변한 늙은 개의 극심한 고통을 없애줘야 한다는 듯이.

어금니 하나가 사라졌다. 그 자리에 분화구가 생긴 것 같다. 입안에서는 무엇이든 대개 실제보다 더 크게 느껴진다. 그렇게 한때 치아가 있던 자리에 일종의 칼데라가 생겼다. 구강외과 의사는 그것이 다시 메워질 것이라고 장담했다. 임플란트, 즉 인공 치아를 심는다는 말이다.

내 오른쪽 아래 어금니 두 개는 이미 임플란트이다. 3-7은 처음 뽑은 어금니가 아니다. 또 다른 어금니 하나는 1년 반 전에 뽑았지만, 아직 임플란트를 못 심었다. 이제 때가 되었다.

사랑니 네 개는 아주 옛날에 모두 뽑았다. 기억이 맞다면, 그중 두 개는 어금니 쪽으로 비스듬히 자랐다. 20대 후반이 되었을 때 문제가 생겼다. 옛날에는 20대면 어른이고 지혜로워졌다고 여겼다. 주로 그 시기에 사랑니가 모습을 드러내기 때문에 독일에서는 예부터 사랑니를 '지혜의 치아'라고 불렀다.

8번—앞에서 여덟 번째 치아이기 때문에 치과의사들이 부르는 말— 치아는 인간이 더 큰 턱과 치아를 가졌던 시대의 유물이다. 턱은 작아졌지만, 치아는 남아 있다. 하지만 내게는 남아 있지 않다.

나는 이미 치아를 여덟 개나 뽑았고 여기에 젖니 20개를 더하면 지금까지 총 28개 치아가 저절로 빠졌거나 뽑혔다.

그리고 그것들은 모두 감쪽같이 사라졌다! 젖니도 역시. 어머니가 무덤까지 가져갔을까? 어머니가 돌아가신 후 집을 정리하면서 우리가 없앴을까? 형제들이 나 몰래 내 치아 유산을 빼돌렸을까?

기억나지 않는다. 어른이 되어 뽑은 치아도 어디로 사라졌는지 모른다.

구강외과 의사가 버렸을 리는 없다. 그는 최근에 뽑은 치아를 내 '재산'이라며 나에게 건네주었다. 그러므로 다른 치아들 역시 발치 당시에 돌려받았을 것이다.

아무튼 어금니는 생각보다 아주 컸다. 칫솔로 닦아 소독액에 담가둘 정도로 신기하고 인상 깊은 형태였다. 덧씌운 크라운을 제외한 치아의 길이는 2.1센티미터였다. 왕관을 쓴 치아. 지울 수 없는 마모 흔적이 선명하고, 누렇고, 흰색 충전재가 있고, 실금과 움푹 들어간 두 군데의 홈이 반짝거렸다.

외관만 봐서는 마치 "이보게 친구, 나는 살아 있었어!"라고 말하는 것 같았다. 나는 이를 악물고 생각을 참아야만 했다.

카를 마이Karl May가 소설 『은빛 호수의 보물Der Schatz im Silbersee』에서 묘사한, 유명한 사냥꾼 올드 화이어핸드의 모습이 떠오른다.

> 그의 목에는 회색 곰 이빨로 만든 긴 목걸이가 걸려 있고, 이 목걸이에는 평화의 파이프가 달려 있었는데, 파이프 머리는 성스러운 점토로 정교하게 조각되었다. 코트 솔기마다 소름 돋는 발톱이 꽂혀 있다. 올드 화이어핸드 같은 사나이는 남이 잡은 사냥감으로 자기를 치장하지 않으므로, 이런 장신구와 파이프 목걸이를 보면, 얼마나 많은 사나운 짐승이 그의 정확한 총알과 강한 주먹에 희생되었는지 짐작할 수 있다.

내 치아는 물론 더 나아가 내 몸에서 떼어낸 포피와 맹장, 그리고 왼쪽 내측 반월상연골 조각으로 목걸이를 만들어 걸고 다닌다면 멋지지 않을까? 어떤 사람들은 오래된 대퇴연골이나 무릎연골 아니면 둘 다를 추가할 수 있을 것이다. 그러면 우리 몸은 빠진 것 없이 완전할 수 있다. 다시 온전해지는 것이다. 자신에게 속했던 것을 모두 한 줄에 꿰어 간직할 수 있다면, 휘장처럼 목에 걸어 자신의 신체 의식을 드러낼 수 있다면 멋지지 않을까?

'메멘토 모리(죽음을 기억하라)', 덧없음의 상징!

아무튼 나는 3-7을 위해 40센티미터 높이의 돔 모양 중고 유리상자를 구입하여 반짝이는 붉은 펠트를 바닥에 깔았다. 셀프 박물관, 정물화. 이것을 보고 나를 한심하게 여기는 사람들도 분명 있을 것이다.

상관없다.

할머니는 매일 밤 잠자리에 들 때마다 치아를 통째로 빼 유리 보관함에 넣어두었다. 할머니 집에서 잘 때면 틀니가 물속에서 나를 보고 웃었다. 반면 집에서는 양치질을 할 때, 아버지의 유리 눈이 나를 빤히 쳐다보았다. 전쟁에서 눈을 잃은 아버지가 자는 동안 유리 눈은 붕소 물에서 헤엄쳤다.

1799년에 사망한 미국 초대 대통령 조지 워싱턴George Washington의 마지막 치아가 뉴욕 의과대학 도서관에 보관되어 있다는 사실을 알고 있는가? 워싱턴은 모든 사진에서 입꼬리까지 힘이 느껴질 정도로 결연하게 입을 다물고 있는데, 다부진 의지의 표현과는 다른 이유가 있다.

그는 젊었을 때부터 치아가 좋지 않았다. 그의 치과 의사 그린우드Greenwood는 1794년에 그의 마지막 치아를 뽑았고, 이것으로 금과 유리로 된 메달을 제작해 시곗줄에 달고 다녔다. 이 모든 것이 현재 박물관에 있고 그곳에서 워싱턴의 마지막 틀니 아랫부분도 볼 수 있다. 그는 수년에 걸쳐 수많은 치아 보철물을 사용했는데, 심지어 나무로 만든 치아도 있었다고 전해진다. 그러나 그것은 사실이 아니다. 그의 치아 가운데 일부는 자신의 것이었고 일부는 다른 사람의 것이었으며 상아, 동물 이빨, 구리 및 은—납으로 추정— 등 합금으로 만든 인공 치아도 있었다.

워싱턴은 자기가 발언하는 동안 누군가 이러쿵저러쿵 끼어드는 것을 싫어했기 때문에 대개는 가능한 한 입을 굳게 다물고 있었다.

그렇게 결연한 표정이 만들어졌다.

이쯤에서 오스트리아 작가 프리츠 폰 헤르츠마노프스키-올란도Fritz von Herzmanovsky-Orlando의 그로테스크한 작품을 떠올린다. 1928년에 출판된 책으로, 제목은 『장미덫에 걸린 말의 공포Der Gaulschreck im Rosennetz heißt』이다. 이 작품은 궁정 비서 야로미르 에들러 폰 에인후프Jaromir Edler von Eynhuf에 관한 이야기이다. 이 궁정 비서는 황제 즉위 25주년을 맞아 사랑하는 황제에게 가장 아름다운 오스트리아 여성들의 젖니 25개로 만든 작품을 선물하고 싶었다. 그는 무릎을 꿇고 수집한 치아를 바치며 다음과 같이 외칠 때 황제의 얼굴에 번질 기쁨의 미소를 계속 상상했다.

*모든 치아가 말을 할 수 있다면,
모두가 깊이 감동하여 담대하게 말할 것입니다.
폐하를 위해 폐하에게 끼치는 모든 부담,
높으신 폐하를 억압하는 모든 부담을 물어뜯어
없애겠나이다!*

에인후프는 치아 24개를 모았고, 단 하나가 부족했다. 온갖 시련을 겪으면서 거의 미치광이가 된 그는 마지막 하나를 어린 소녀에게서 강제로 뺏었다. 그는 범죄자로 수배되어 약탈한 치아를 든 채 경찰을 피해 도망쳤고, 명예가 실추되었으며 결국 필사적으로 자기 집으로 달려가 권총을 들지만, "총알을 찾지 못해 떨리는 손으로 젖니를 모두 모아 탁자에 깔려 있던 파란 테이블 매트를 깔대기로 사용해 탄창을 채운다."

그리고 자신을 쏜다. 에인후프는 젖니 총알에 맞아 사망한다.

그는 한숨을 내쉬며 눈을 감았다.

긴박한 상황이 온다면 내 거대한 치아를 누군가에게 쏠 수 있을까? 그의 심장에 3-7을 쏜다? 아니면 젖니 하나? 이에는 이, 타다다다다? 범죄 소설 아이디어로도 괜찮을 듯하다. 그럼 제목을 『치아와 심장』으로 정해도 좋겠다.

어렸을 때 우리 집 근처 모퉁이에 치과 의사가 살았다. 그는 다소 뚱뚱한 편이었다. 치료 의자에 앉아 있을 때면 그의 배에서 우르릉, 구르릉, 쿠르릉 소리가 들렸다. 마치 천둥번개를 품고 있는 것 같았다. 그가 내 입안에 집중하는 동안 나는 남의 집 현관문에 귀를 대고 엿듣는 것처럼 그의 뱃속을 엿듣고 있다는 걸, 그는 알고 있었을까?

쿠르릉 배 박사. 당연히 진짜 이름이 아니다. 하지만 나는 속으로 종종 그를 쿠르릉 배 박사라고 불렀고 그래서 그의 본명은 나의 환상과 함께 섞여버렸다.

쿠르릉 배 박사를 방문하는 것은 항상 고통과 관련이 있었지만 아버지는 치통을 앓지 않았고, 어머니는 항상 치통을 앓았다. 어떨 땐 뇌졸중 후유증이 생긴 사람처럼 입이 비뚤어진 채 다닐 때도 있었다. 누군가 무슨 일이냐고 물으면 어머니는 치켜 올라간 입꼬리로 쉭쉭거리며 단 두 글자만 짧게 뱉었다. 그러면 모든 것이 설명되었다.

"치과."

치과 의사라는 직업은 나에게 항상 미스터리로 남아 있었다. 어떻게 온종일 다른 사람의 입속을 들여다볼 생각을 하며 출근하는 걸까? 게다가 치과 의사는 시계공, 공예가처럼 한정된 좁은 공간에서 일해야 한다.

그러나 시계공은 시계를 아프게 하진 않는다. 반면 치과 의사는 거의 항상 환자를 아프게 한다. 치과 의사와 통증은 늘 연관된다. 물론 예방을 목적으로 치과에 가기도 한다. 전문 치아 청소부는 1년에 두 번씩 내 치아를 닦아준다. 그 외에 어딘가 불편할 때도 치과에 간다. 두려움과 희망이 뒤섞인 마음으로. 그가 내게 고통을 줄까? 아니면 그가 나의 고통을 없애줄까?

이것은 두 가지 큰 질문이다. 치과에 가면 우리는 함께 고통의 여행을 떠난다. 나는 치통이 있다. 그는 주사를 놓고, 구멍을 뚫고, 긴 특별 도구를 써서 긁어냄으로써 나에게 또 다른 고통을 줄 수밖에 없다. 그러면 통증이 사라질 것이다. 제발.

데이비드 모리스David B. Morris는 『고통의 문화The Culture of Pain』에서 에드워드 깁슨Edward H. Gibson이라는 사람에 대해 이야기한다. 깁슨은 1920년대에 한동안 하루 두 번씩 미국 버라이어티 쇼에 '인간 바늘꽂이'로 출연했다. 그는 팬티만 입은 채 무대에 올라 팬티로 가린 부분을 제외하고 머리부터 발끝까지 몸 전체에 소독한 바늘 50~60개를 꽂아달라고 관객들에게 요청했다. 그런 다음 무대에 서서 모든 바늘을 조심스럽게 다시 빼냈다.

깁슨은 아무렇지도 않았다. 고통을 느끼지 못한 것이다. 이는 유전적 결함으로 인해 극소수에게만 나타나는 현상이다.

결함?

고통을 모르면 행복한 거 아닌가? 뼈에 구멍이 나는 듯한 고통에 괴로워하며 치과에 가지 않아도 된다면, 나는 기쁨에 하늘을 날 것 같은데?

모리스는 그 반대라고 주장한다. 깁슨에게는 고통 없는 삶이 쭉정이 행복이었다는 것이다. 그는 곧 버라이어티 쇼를 떠났고 어디서 어떻게 다시 인생을 시작해야 할지 몰랐다. 그의 의사는 깁슨이 때때로 친구들 앞에서 아무 이유 없이 모자 장식핀으로 자신의 뺨을 찔렀다고 말했는데, 이것은 파티 구경거리로 소비되었다.

모리스는 이렇게 썼다. "그는 자신에게 정말로 결여된 것이 무엇인지 전혀 몰랐고, 자신의 희귀한 재능을 구경거리로밖에 쓰지 못했다." 고통을 느끼지 못하는 것은 선물이 아니라 오히려 저주이다. 물론 "고통에 지배당하기를 바라지는 않지만, 진짜 선물은 고통이 없는 것이 아니라 고통 그 자체라는 이상한 생각에 익숙해져야 할 것이다".

극심한 만성 통증에 시달리는 사람이라면, 이 말이 냉소적으로 들릴 것이다. 그러나 고통은 분명 경고 신호이고, 뼈가 부러졌는데도 통증을 느끼지 못해 아무 일 없었다는 듯 계속 걸어다니는 사람은 이런 신호를 놓치고 있는 것이다. 이런 사람은 어쩌면 다른 사람보다 더 빨리 죽을지도 모른다.

한편으로는 치통뿐 아니라 다른 모든 감각을 마비시키고 삶을 단축할 만큼 온몸의 고통을 겪는 사람은 이렇게 말하고 싶을 것이다. "알았어, 알았다고! 충분히 알아들었으니 이제 좀 닥쳐."

그렇다면 치통은 몸이 내게 보내는 메시지와 같다. "주인님, 나를 좀 더 주의 깊게 살펴서 어떻게든 조처를 취해주세요! 당신이 나를 잘 대해주지 않으면, 나도 가만히 있지는 않을 거예요. 지금과는 다른 고통을 맛보게 할 수 있단 말입니다!"

치통은 커튼의 작은 틈새이고, 커튼 뒤에는 지옥이 있다.

치과 의사라는 직업에서 흥미로운 점은 그들이

통증과 비통증 사이의 미세한 경계 위를 걷는다는 것이다. 치과 의사이자 의학 역사가인 랄프 폴무트Ralf Vollmuth는 『환자에게서 느끼는 치과 의사의 두려움Die Angst des Zahnarztes vor dem Patienten』이라는 에세이에서 이것을 인상적으로 묘사하면서, 토마스 만Thomas Manns의 소설 『부덴브로크가의 사람들』에 나오는 치과 의사 브레히트를 언급한다.

> 그러나 그가 가진 나쁜 점은, 아니 정말 끔찍한 점은, 그가 긴장했고, 직무상 가할 수밖에 없는 고통을 그 자신도 견디지 못한다는 것이다.

이때 브레히트는 어린 한노 부덴브로크의 이를 뽑아야 했다. 예민한 아이의 정신 상태를 "처형당하는 범죄자의 심정과 똑같게 하는" 상황이었다. 브레히트의 이마에 땀방울이 맺혔다. 그의 입은 두려움으로 일그러졌다.

그리고 이 끔찍한 일이 끝났을 때, 한노가 창백하게 일그러진 얼굴로 몸을 떨며 눈물이 고인 눈으로 옆에 놓인 파란색 접시에 피를 뱉을 때, 브레히트는 잠시 어딘가에 앉아 이마를 닦고 물을 좀 마셔야 했다….

오늘날에는 마취 주사의 유익한 효과 덕분에 이런 고통은 완화될 수 있다. 내 기억이 맞다면, 쿠르릉 배 박사는 마취제를 아꼈던 것 같다.

아무튼 주사도 찌를 때 아프다.

최근 치과 의사 친구가 주사를 준비하면서, 의자 팔걸이를 부여잡고 있는 내게 주사기 꽂을 자리를 얼마나 주의 깊게 정확히 찾아야 하는지 이야기했다. 그는 손가락으로 천장을 가리키며 주사기가 신경에 닿는 순간, "너는 저길 뚫고 올라갈 거야"라고 말했다.

"그런 적 있어?" 내가 물었다.

한 번도 없다고, 그가 말했다.

폴무트는 관련 연구들에서 "치과 의사의 스트레스 수준과 탈진 위험이 매우 높다"는 것이 입증되었다고 썼다.

폴무트에 따르면, 치과 의사는 가수가 음정을 틀리거나 연극배우가 대사를 잊어버리는 것과 유사한 두려움을 느낀다. 말하자면 "관객들 앞에서 실수하는 두려움"이고, 이때 의사의 관객은 일차적으로는 환자이지만 옆에서 그를 돕는 보조자들도 있다. 이들은 모두 좋든 싫든 한동안 고통과 고통에 대한 두려움, 그리고 고통으로부터의 자유로 묶인 운명 공동체이다.

나는 서재에 서서 빨간색 펠트 위에 놓인 나의 3-7을 바라본다. 그 옆에는 크라운이 놓여 있다. "넌 할 만큼 했어." 나는 중얼거리며 이를 너무 간다고 수없이 훈계했던 내 치과 의사를 생각했다. 그는 자리에서 일어나 걸어가면서 주문을 외듯 이 말을 반복했다. "너무 많이 갈아, 너무 많이 갈아."

실제로 나는 특히 밤에 윗니와 아랫니를 맞대고

바드득바드득 간다. 글자 그대로 이를 악문다.

이런 이갈이를 전문용어로 브루시즘Bruxism이라고 한다. 나는 브루시스트다. 지금도 여전히.

의문점은 내가 이를 갈 정도로 그렇게 스트레스를 많이 받느냐는 것이다.

아무렴, 그렇고 말고.

나의 접골사는 크고 강력한 근육, 다시 말해서 씹는 근육을 이완하는 방법을 알려주었다. 누가 보더라도 나의 턱 근육은 탄탄하다. 이두박근이 그랬다면 얼마나 좋았을까.

저작근, 내측익돌근, 관자근. 여기에는 엄청난 힘이 작용한다.

그런데 어느 날 턱을 벌리거나 사과 혹은 통밀빵을 씹을 때, 오른쪽 턱에서 다른 사람에게 들릴 정도로 엄청나게 큰 소리가 나기 시작했다.

턱관절 기능 장애! 맙소사.

나는 한밤의 이갈이로 치아가 모두 망가지지 않도록 보호하기 위해 치과 의사에게 달려갔다. 치아를 치아로부터 지키기 위해 윗턱에 이미 대고 있던 부목을 아래쪽 교정 부목으로 교체했다. 별 문제가 없다면, 이 부목은 나의 턱을 아주 살짝 밀어 더는 소리가 나지 않게 할 것이다. 소리의 근원인 '디스크'라 불리는 턱관절 연골판이 살짝 틀어지지 않도록 말이다.

최근에 치과 의사가 좋아졌다고 말했다. 정말로 소리가 나지 않았다.

하지만 나만 좋아졌다. 나는 '개선'되었다.

"미안, 내 오랜 친구여." 나는 유리상자 안에 든 3-7에게 말했다. "너에겐 너무 늦었구나."

나는 매일 유리상자 안의 반짝이는 붉은색 펠트 위에 놓인 3-7을 바라본다. 그는 기념비처럼 거기 누워서 조용히 부탁한다. "당신 입안에 아직 남아 있는 내 형제들을 부디 잘 보살펴주세요!"

배

"살을 빼야겠어." 아내가 말한다. 하지만 늘 하는 말이라 흘려듣는다. 내가 보기에 아내는 살을 빼지 않아도 여전히 아름답고 날씬하며, 나는 아내와 아내의 몸을 사랑한다.

"2킬로그램을 빼야 해." 오늘은 말이 좀 달라졌다.

"나도 마찬가지야." 나도 말한다. 그리고 이것은 진짜다. 사실은 내가 아내보다 30킬로그램이 더 나가니까 3킬로그램을 빼는 것이 공평하고 합리적인 비율일 것이다.

그러나 지금은 그 이야기를 할 때가 아니다. 아

내가 갑자기 "모든 독일인이 2킬로그램을 감량하고 싶어한대"라고 말했기 때문이다. 연구들로 입증된 사실이라고 한다. 아내는 정확한 출처는 기억나지 않지만, 분명히 읽었다고 했다. 그리고 우리 부부뿐 아니라 모든 독일인이 2킬로그램 감량을 희망하고 심지어 결심하는 것으로 한마음 한뜻이 되었다는 사실이 문득 아주 멋지게 느껴졌다. 하지만 이런 생각은 체중 감량이라는 주제에 어울리지 않게 너무 심오하다.

내가 2킬로그램을 빼고 싶었던 건 아주 오래전부터다. 나는 늘 통통한 아이였고 엉덩이가 너무 펑퍼짐했다. 그러나 당시에는 아무도 문제라고 생각하지 않았다. 오히려 반대였다.

내가 태어난 1956년 1월은 전쟁이 끝난 지 10년 남짓한 때였다. 전쟁 직후의 굶주린 겨울이 여전히 모두의 기억에 생생했고, 그 공포는 사그라들 줄 모르고 계속 전해졌다. 어렸을 때 손수레를 타고 시골로 피난하여 농부들에게 버터와 달걀을 구걸했던 일, 멀건 보리죽을 먹어야 했던 일, 나중에 마침내 감자가 넉넉해져서 어머니가 카르토펠클로세 Kartoffelklöße*를 만들었던 일, 카르토펠클로세 먹기 대회에서 아버지가 열다섯 개를 먹었던 일 등 아버지는 그 일을 오래오래 자랑스러워했다.

제빵사였으나 내게는 벽에 걸린 사진으로만 존재했던 한스 삼촌은 전쟁 때 사망했다고 한다. 나중에 듣기로는 전쟁에서 살아 돌아왔지만 집이 아니라 군인병원으로 갔다고 했다. 할머니, 할아버지와 나의 부모님마저 돌아가신 후, 한스 삼촌의 형인 볼프강 삼촌한테서 들은 바에 따르면 한스 삼촌은 군인병원에서 아무것도 먹지 못했다고 한다.

그래서 나는 삼촌이 어쩌면 이질에 걸렸고 결국 굶어 죽었을 것이라고 생각했다.

가끔 한스 삼촌이 살아남아 빵집을 운영했더라면 어땠을지 상상해본다. 그랬다면 나는 어렸을 때

---

* 감자를 갈아 밀가루와 섞어 둥글게 모양을 만들어 찐 음식으로, 주먹만 한 감자 옹심이와 비슷하다.

온갖 종류의 빵과 케이크를 맛보았을 것이다. 아마도 방과 후에는 항상 빵집에 들렀을 것이다. 그러면 빵을 굽기 위해 한밤중에 일어났을 삼촌은 그 시각에 잠들어 있겠지만 대신 숙모가 달달한 케이크 한 조각을 내게 주며 따뜻하게 웃었을 것이다.

여기에 더 흥미로운 상상도 해본다. 한스 삼촌과 결혼하여 내 숙모가 되고 사촌들의 엄마가 될 수도 있었던 한 여자는 도시 어딘가에 틀림없이 살고 있을 것이다. 이 여자는 삼촌과 결혼하는 대신 무엇을 했을까? 지금 어떻게 살고 있을까? 어쩌면 나는 그녀를 한 번도 못 봤을 수도 있고 매일 보았을 수도 있다. 그녀는 마을 빵집 주인의 아내이자 내 숙모가 됐을 수도 있었다는 걸 전혀 모른 채 매일 생활용품점에 서 있을 수도 있다.

어쩌면 어머니가 아버지 대신 한스 삼촌과 결혼하여 삼촌이 내 아버지가 되고 아버지가 삼촌이 되었을 수도 있었다!

그리고 나는 제빵사가 되어 아버지의 가게를 물

려받고 2킬로그램을 감량하고 싶어할 수도 있었다. 지금의 아내는 다른 남자와 결혼하여 다른 곳에서 살며 2킬로그램을 빼고 싶어하고, 그 남자도 나처럼 2킬로그램을 빼고 싶어할 것이다.

우리는 같은 것을 원하지만 서로에 대해 아무것도 모른 채 살아갈 것이다.

이 상상은 견딜 수 없다. 내가 아내를 모른다는 가정 말이다.

이런 트라우마가 없었더라면, 우리 가족의 삶은 어땠을까? 아들이자 형제이자 삼촌이 굶어 죽지 않았고, 그의 야윈 몸이 우리 모두의 머릿속에서 조용한 목소리로 "먹어, 먹어, 먹어"라고 강요하지 않았더라면 어땠을까?

우리 중 누구도 그런 말이 두 번 들리게 두지 않았다. 늘 자발적으로 많이 먹었으니까. 아버지가 퇴근하면 저녁이 차려졌다. 나는 정육점으로 심부름을 갔고, 메트소시지, 간소시지, 크나크소시지, 차소시지, 붉은소시지, 모타델라, 맥주햄, 맥주소시지,

고기샐러드, 다진 양파를 섞은 다짐육 등을 사 와야 했다. 우리는 빵을 잘라서—어머니는 항상 빵 끄트머리를 송곳니로 잘라 먹었다. 딱딱한 부분도 먹어야 한다면서— 라마 마가린을 발랐다.

"라마 마가린이 버터보다 건강에 좋대."

할아버지의 여동생인 엘리 고모할머니는 오후에 가끔 우리 집에 오곤 했다. 재봉사였던 그는 가족의 옷을 수선해주었는데, 우리 집에 올 때면 늘 빵집에 먼저 들러 푸딩빵, 도넛, 소보로빵을 샀다. 나는 그저 모든 것을 맛있게 먹었다. 달리 말하면 살찔 걱정 없이 모두 먹었다.

기쁨 그 자체.

어린 시절 초대받은 생일 파티에서 타르타르소스를 곁들인 삶은 달걀, 겨자와 라이스샐러드를 곁들인 소시지, 상상할 수 있는 모든 달콤한 과자를 배가 아프도록 먹었던 일도 잊고 싶지 않다.

거의 매 주말에는 가족 중 누군가의 생일이었는데, 놀랍지도 않겠지만 우리는 커피에 슈바르츠발트 체리케이크, 프랑크푸르트 크란츠**, 건포도 치즈케이크, 사과케이크, 마모르케이크 등을 휘핑크림과 함께 먹었다.

한스 삼촌은 아마 우리를 자랑스러워했을 것이다. 우리는 케이크든, 쿠키든 있는 대로 탈탈 털어 먹어치웠다. 물론 모두 집에서 직접 만든 것이었다. 가족 행사가 있을 때마다 숙모와 고모할머니, 어머니, 할머니는 온종일 부엌에 서서 굽고, 또 구웠다.

커피잔을 치우기 무섭게 소시지와 빵이 등장했고, 축하해야 할 특별한 날이니만큼 버터도 곁들였다. 역시 버터가 마가린보다 더 맛있으니까. 그때 숙모인지 고모인지 여튼 누군가가 밝은 목소리로 말했다. "나도 라마 마가린 좋아해요."

가끔은 소시지와 함께 마요네즈로 버무린 감자 샐러드가 나왔는데, 소시지를 제외하면 내가 가장 즐겨 먹었던 음식이 바로 이 요리였다.

** 왕관(크란츠) 모양의 독일 전통 케이크

배

나는 할머니를 매우 좋아해서 할머니 댁에 자주 방문했는데, 그때마다 끼니때와 상관없이 무조건 식탁에 앉아야 했다. 철이 든 다음부터는 집에서 뭔가를 먹고 왔다고 얘기했다. 하지만 할머니는 내 말을 무시하고 요리를 시작했다. 어린아이가 막대사탕을 거부하는 것이 어렵다고 말하는 사람은 틀림없이 할머니에게 배고프지 않다고 말해본 적이 없을 것이다.

더 자란 후에는 배고프지 않다고 분명하게 말했지만 아무 소용 없었다. 할머니는 내가 아무것도 먹지 않으면 몹시 속상해했고 적어도 쿠키와 와플이라도 먹으라고 권했으며, 그것조차 먹지 않으면 울 듯한 표정이 되었다.

할머니는 늘 이렇게 말했다. "아무것도 못 먹었지? 배고프겠다!"

내가 방을 가로질러 가는 동안 한스 삼촌의 눈이 나를 따라다녔다. 삼촌의 사진은 문 바로 옆에 걸려 있었다.

이제 내가 통통한 아이였다는 걸 이상하게 여길 사람은 아마 없을 것이다. 이런 환경에서 어떻게 날씬할 수 있었겠나?!

나는 열 살 때 하키를 시작했다. 체조와 수영, 축구도 했고, 이웃이 제발 그만하라고 애원할 때까지 낡은 테니스 라켓으로 몇 시간 동안 집 벽에 공을 쳤다. 이웃집 아저씨는 미치기 직전이었고 그가 기르던 전서구들은 정신이 나가 집 주소와 우편번호를 잊어버렸다. 그 당시 우리는 항상 자전거를 타고 등교했고 오후에는 숲을 돌아다니며 놀았다.

덕분에 더 비만해지지는 않았다. 그러나 유년기와 청소년기에 생긴 지방세포는 모두 몸속에 남아 있다는 사실을 뒤늦게 알게 되었다. 전후 시대에 생긴 지방세포들은 오늘날까지도 정육점과 제과점을 지날 때마다 흐느끼며 애원한다. "먹어, 먹어, 먹어!"

오직 나의 굽히지 않는 의지만이 그들을 억제한다.

배

대부분, 때때로, 가끔.

사춘기에 접어들었을 때, 우리 반에서 가장 예쁜 여학생이 나더러 뚱보라고, 아니 뚱보 같다고 놀려댔다. 그때부터 내 별명은 뚱보가 되었다. 굴욕적이었다. 이제 막 깨어난 남성성을 인정받고 싶은 시기에 흠씬 두들겨맞은 것이다.

얼마 뒤 다이어트를 시작했다. 식단을 엄격하게 짰고 저녁에는 소시지와 빵 한 조각만 먹었으며, 가끔은 아무것도 안 먹고 잘 때도 있었다. 나는 굶어서라도 별명에서 벗어나려 노력하면서 마침내 다이어트에 성공했다.

그러나 별명은 그대로였다. 수십 년이 지났어도 동창들은 여전히 나를 뚱보라고 불렀다. 날씬했어도 뚱보였다.

한편 우리 가족은 패닉에 빠졌다.

아버지는 끼니때마다 내게 먹어야 한다고 엄하게 훈계했다. "네 몰골을 좀 봐. 갈비뼈로 하프 연주도 할 수 있겠어." 할머니가 특히 속상해했다. 그래서 할머니 댁에는 식사 시간에만 갔다. 그러지 않으면 할머니는 아무것도 안 먹고 그냥 가면 어쩌냐며 음식을 싸 들고 길거리까지 나를 쫓아왔을 것이다. 숙모는 내가 가면 묻지도 않고 거대한 프랑크푸르트 크란츠를 내 앞에 놓아두었다. 그 앞에서 나는 하이에나 무리에 맞서는 어린 가젤처럼 무력했다.

결국 살면서 원하는 만큼 날씬해본 적이 없었다. 엉덩이에는 나를 괴롭히는 살이 항상 붙어 있어서 평생 배가 납작한 남자를 부러워하며 살았다. 나는 늘 경도 비만이었고, 때로는 중도 비만이었다.

이상한 점이 하나 더 있는데, 나는 몸이 좀 안 좋다 싶으면 어릴 때 식습관으로 돌아간다. 소보로빵은 위로를 주고, 감자튀김은 영혼을 따뜻하게 해주며, 소시지빵은 걱정 없이 먹던 때, 아니 걱정을 먹어 없앴던 때를 생각나게 한다.

"먹어, 먹어, 먹어!"

나의 근심은 언제나 겉으로 드러난다. 누구든 내 몸 중간쯤에서 그걸 볼 수 있다.

그것은 부풀어 오른 근심덩어리이다.

때로는 더 많이, 때로는 더 적게 부풀어 오른다. 스트레스를 받는 시기에는 더욱 심해진다. 대략 40대 후반쯤이 그랬다. 프리랜서 작가로서 돈을 충분히 벌지 못할 것 같은 불안감에 휩싸였다. 갑자기 속쓰림이 심해졌고, 어느 날 배꼽 약간 위쪽, 명치 부근에서 지속적인 통증이 느껴졌다.

나는 D교수에게 갔다.

그는 위 때문이라고 설명했다. 위산. 위산과 싸우는 프로톤펌프억제제―사용할 때마다 단어를 검색해야 한다―인 판토프라졸을 하루 80밀리그램씩 6주 동안 복용하라는 지시를 받았다. 그런 다음 그는 위내시경을 해보라고 말했다.

나는 시키는 대로 했다.

통증이 사라졌다. 그다음에는 내과 전문의에게 갔다. 지금은 나를 숙면으로 인도해주는 아주 사랑하는 마취 주사를 그 당시에는 너무 무서워해서 비수면으로 검사를 받았다. 굵은 호스를 삼키는 것은 고문이었다. 혹시 나처럼 해보고 싶은 사람이 있다면, 분명히 말해주겠다. "그러지 마십시오!"

"아주 멋진 걸 갖고 계셨네요." 의사가 말했다.

"네?"

"위궤양이에요. 위산으로부터 위를 보호하는 위점막에 상처가 났어요. 위점막이 없으면 위는 결국 자기 자신을 소화해버리죠. 헤르니아도 있네요."

"뭐라고요?"

"위와 식도의 경계는 보통 근육이 단단히 막고 있습니다. 환자분은 거기에 작은 구멍이 생겨서 위산이 식도로 쉽게 침투합니다."

나는 다시 D교수에게 갔다.

"역시 그랬군요." 그가 말했다. 그는 이 모든 일을 짐작했지만, 내가 불안해할까 봐 말하지 않았었다고 한다. 이런 경우 옛날에는 위의 상당 부분을 제거했다고 덧붙였다. 이 방법을 고안한 교수의 이름은 빌로스Billroth이고, 수술 기법은 '빌로스 1세'와 '빌로스 2세'라고 이야기했다. 내가 더 이상 이해하지 못하자 D교수도 설명을 포기했다. 의사에게 자주 일어나는 일이었다. 어떤 시점이 되면 환자는 더 이상 아무것도 궁금해하지 않게 되고, 그저 심각한 병이 아니고, 암도 아니며, 수술도 필요 없고, 죽지 않을 거라는 말만 듣고 싶어진다.

그렇게 심각하지 않다고 D교수가 말했다. 암에 걸리지도 않았고 수술도 필요하지 않으며, 죽지도 않을 것이라고 했다.

나는 안도의 한숨을 내쉬었다. 그럼 이제 어떻게 해야 할까?

계속해서 약을 복용하되 헤르니아 때문에 양을 줄여야 했다. 그러지 않으면 식도에 문제가 생길 수 있었다. 매일 아침 20밀리그램. 그것은 문제도 아니었다. 하지만 술은 적게 또는 전혀 마시지 말아야 하고, 단것을 멀리하고, 채소를 많이 먹고, 매운 음식은 절대 안 된다.

나는 이 지시를 잘 따랐다. 이따금 폭발하긴 했지만. 어린 시절의 망령과 벽에 걸린 삼촌의 눈총에 못 이겨 제과점에 앉아 슈바르츠발트 체리케이크, 프랑크푸르트 크란츠, 건포도 치즈케이크, 휘핑크림을 올린 사과케이크에 빠져들었다.

    케이크에 코를 박고.

    한스 삼촌이 시키는 대로!

    "먹어, 먹어, 먹어!"

    소시지빵은?

    드물게 먹는다. 아주 드물게. 사실 거의 먹지 않는다. 소시지를 끊었기 때문이다. 소시지는 역사 속으로 사라졌고 이제는 채소맨이 되었다. 하지만 이 글을 쓰고 있는 바로 지금, 나는 간소시지빵이 너무너무 먹고 싶다. 정말 놀랍지 않은가? 소시지빵이라는 단어를 적는 것만으로도 송아지 간소시지를 손가락 두께로 바르고 그 위에 오이피클을 올린 커다랗고 부드러운 빵이 눈앞에 선하고, 정육점 노예가 되어 홀린 듯이 소시지 가게로 들어가 커다란 소시지를 사서 장바구니에 넣고 나오는 환상에 사로잡히다니!

배

"오늘 저녁!" 소시지가 외친다. "나를 사! 나를 봐! 냄새를 맡아봐! 나를 없애줘! 나를 먹어! 당신도 원하잖아!"

에휴.

병든 나의 위장 어딘가에는 분명 온갖 종류의 케이크와 소시지를 받아들일 장소가 있을 것이다.

한때 유명했던 가요에서도 완전히 떠나는 건 없다고 말했다.

> 완전히 떠나는 건 없어요.
> 나의 일부가 여기 남아 있어요.
> 그것이 머물 자리, 그대 곁에 항상 있지요.
> 아무도 홀로 완전히 떠나지 않아요.
> 그대의 일부와 함께 떠나요.
> 그것이 머물 자리, 내 곁에 항상 있지요.

쾰른의 유명 배우이자 가수인 트루데 헤르Trude Herr가 이 노래를 불렀다. 그러나 그는 간소시지가 아니라 사랑과 이별에 대해 이야기했다.

오래전부터 나는 주로 이탈리아 요리, 즉 과일과 채소, 올리브오일, 뮤즐리와 요거트를 먹으며 살고, 가끔 내가 좋아하는 바이에른 숙소에 갈 때면 돼지고기구이나 소시지샐러드도 먹는다. 설탕은 멀리하고 정기적으로 운동을 한다. 그렇다. 나는 운동을 즐기는 활기찬 사람이다. 항상 그래 왔다.

그렇지만 간소시지는 결코 나를 완전히 떠나지 않을 것이다. 내 마음 깊은 곳에는 간소시지를 향한 그리움이 남아 있다. 그것은 절대 사라지지 않을 것이다.

간소시지는 결코 나를 완전히 떠나지 않아요.
그것의 일부가 함께 있어요.
그것이 머물 자리, 내 곁에 항상 있지요.

트루데 헤르의 별명이 뭐였는지 알고 있나?
뚱보! 정말이다.

하지만 그는, 이렇게 말해도 될지 모르겠지만 나보다 훨씬 넓은 체형을 가졌다.

나는 86킬로그램 대신 84킬로그램이고 싶고 가능하다면 82킬로그램이면 좋겠다.

7010만 명쯤 되는 독일 성인의 평균 체중이 77킬로그램인 것을 고려하면, 독일 성인의 총 체중은 540만 톤 정도이다. 1인당 2킬로그램씩 감량하면 그것은 526만 톤으로 줄어든다. 즉, 14만 톤이 줄어든다는 뜻이다.

함부르크에 있는 엘프필하모니 콘서트홀의 무게가 20만 톤이라는 기사를 읽었다. 모든 독일 성인이 2킬로그램 감량에 성공하더라도 엘프필하모니 무게만큼도 이 땅의 부담을 줄이지는 못한다.

실망스러웠다.

어쨌든 그런 노력이 달성되면 특히 인구가 많은 지역에서는 압력이 줄어들 것이므로, 독일이 전체적으로 상승할 거라는 생각이 들었다. 예를 들어 함부르크는 엘베 강변에 절벽이 생길 수도 있다. 어쩌면 내가 엘프필하모니의 무게를 과소평가했는지도 모른다. 그것은 역시 엄청난 덩어리다. 20만 톤은 건물 자체만의 무게, 즉 순 중량이니까. 네덜란드의 감자튀김 공장이 연간 14만 톤을 생산한다는 기사도 읽었다. 이는 모든 독일 성인이 2킬로그램씩 감량했을 때와 같은 무게지만, 부수적인 이야기일 뿐이다.

내가 갑자기 하찮게 느껴졌다. 나의 소박한 목표도.

엘프필하모니 가격이 8억 6600만 유로이고, 그래서 1킬로그램당 4.33유로라는 사실도 우연히 알게 되었다. 요즘 그 돈이면 감자 2.5킬로그램 또는 질 좋은 소꼬리 270그램 정도를 살 수 있는데, 그 건물이 그렇게 비쌌나? 함부르크시가 엘프필하모니 대신 감자튀김이나 소꼬리 요리에 투자했더라면 누구에게 이익이 돌아갔을까?

나는 가끔 그동안 먹었던 것을 모두 살펴볼 기회가 있다면 어떨까 하는 생각을 한다. 총 무게는 얼마나 될까? 얼마나 많은 공간을 차지할까? 이 음식들이 전시된 거대한 테이블 주위를 천천히 걸을 때, 어떤 우울한(그러나 또한 기쁜) 생각이 들까? 이 얼마나 놀라운 일인가! 이 모든 것이 나를 거쳐갔고, 나를 살아 있게 했으며, 지금의 나를 만들었다!

각각의 요리를 기억할 수 있을까? 내가 그것을 시기별로 정렬할 수 있을까?

내가 정말 꿈꾸는 게 뭔지 아는가?

나는 이 모든 음식에서 2킬로그램을 가려낼 수 있기를 바란다. 특히 난생처음 먹어본 것들, 이를테면 내 생애 첫 푸딩롤, 첫 번째 오렌지, 어머니의 텃밭에서 수확한 완두콩 한입, 첫 감자샐러드 한입, 양파와 다짐육을 곁들인 첫 번째 빵을 맛보고 싶다. 그리고 이제 어른이 되었지만 네 살, 다섯 살, 여섯 살에 느꼈던 바로 그 기분을 다시 갖고 싶다.

그게 가능할까?

장

내 생일이었다. 온 가족이 식탁에 둘러앉았다. 아내가 내게 선물을 건넸다. 고풍스러운 경첩형 뚜껑이 달린 동그랗고 예쁜 은색 상자였다.

"당신의 벼룩 씨를 위해 샀어." 아내가 말했다.

"벼룩 씨래…." 한 아이가 키득키득 웃었고, 이내 모두가 줄줄이 웃음을 터뜨렸다.

벼룩 씨. 해명을 해야 했지만 일단 모두가 진정되기를 기다렸다.

웃음이 가라앉기까지 시간이 꽤 걸렸다.

아내가 벼룩 씨라고 부른 것은 차전초라는 인도 풀의 씨앗이다. 차전초는 질경이의 친척쯤 되는 풀이고, 그 씨앗을 차전자라고 한다. 그 차전자의 모양이 벼룩과 비슷하게 생겼다. 그래서 아내가 벼룩씨라고 한 것 같다. 차전자에서는 껍질, 즉 차전자피가 중요하다. 이것을 갈아 베이지색 분말로 만들고 물에 불려 묽은 죽처럼 마시는데, 걸쭉하고 맛도 없다. 하지만 내과 전문의가 대장내시경 검사 후 조언한 대로 나는 걸쭉한 차전자피 죽을 마신다.

이것은 섬유질이다.

섬유질은 몸에 흡수되지 않고, 그냥 빠져나간다. 하지만 몸을 통과하면서 다량의 수분을 흡수하며 불어나고, 의사들의 말처럼 대변 부피를 늘린다. 또한, 기름도 함유되어 있어서 장에 윤활막을 생성하는 덕분에 대변 수송이 쉬워진다.

섬유질은 대체로 대변의 조절과 구조화에 효과적이다.

이 장에서 사용하는 어휘들을 조용히 따라 읽어보라. 대변 부피, 대변 수송, 대변 조절, 대변 구조.

잠깐 흥미로운 여담 하나. 옛날에는 영국 왕의

가장 가까운 신하로 '변기 관리관'이 있었다. 이른바 화장실 비서인데, 이들은 화장실에서 비누, 물, 수건 등을 들고 왕을 보필했다.

tudorsociety.com* 사이트에서 나는 다음과 같은 내용을 읽었다. "변기 관리관이 왕의 엉덩이도 닦았는지에 대한 논쟁이 있는데, 어떤 사람은 그렇게 했다고 믿고 어떤 사람은 그렇게까지 극단적이진 않았다고 생각한다."

전문가들의 이런 논쟁에 참여한다면 얼마나 재밌을까! 할 수만 있다면, 나는 무슨 짓이라도 할 것 같다.

덧붙이자면 변기 관리관은 매우 탐나는 자리였다. 왕에게 그토록 가까이 갈 수 있는 친밀한 사람도 없었다. 변기 관리관은 왕이 벗어놓은 옷도 입을 수 있었다. 게다가 다른 임무도 함께 수행했다. 용변 시중만으로는 하루 종일 바쁘지 않았을 테니까. 물

---

* 영국 튜더왕조와 관련된 정보와 자료를 제공하는 사이트

론 설사라면 얘기가 다르겠지만.

변기 관리관은 왕의 개인 공간과 직원 관리를 책임졌다. 그들은 높은 신분의 귀족이었다.

마지막 변기 관리관은 애버콘 공작 2세 제임스 해밀턴James Hamilton이었다. 그는 웨일스 왕자 앨버트 에드워드Albert Edward와 그의 엉덩이를 보살폈다. 그가—엉덩이가 아니라 앨버트 에드워드—20세기 초에 에드워드 7세가 되었을 때, 변기 관리관 제도가 폐지되었다. 공작의 막내아들 클로드 해밀턴Claud Hamilton 경은 1975년 사망할 때까지 특별 근위병으로 엘리자베스 2세를 섬겼다. 특별 근위병 역시 왕실에서 매우 중요한 지위였다.

이제 차전자피 얘기로 돌아가자.

차전자피는 변비를 예방한다. 그리고 내가 몇 년 전에 겪었던 것처럼 끔찍한 변비로 고통받은 적이 있는 사람이라면 쉽게 이해하겠지만, 나는 다시는 차전자피 없이 여행하지 않을 것이다. 나는 항상 작은 은색 상자를 가지고 다니면서 매일 적당량을 물에 섞어 마신다.

대변 부피가 늘어나도록. 대변 수송이 편해지도록. 대변 구조가 좋아지도록.

변비는 결국 관장 주사기로 해결했는데, 그러기까지 직장의 불복종으로 몇 차례 아무런 결실 없이 중단을 반복하며 오랫동안 변기에 앉아 있었다. 몸 깊은 곳에 무거운 돌덩이가 박혀 움직이지 않고 그 위로 똥 기둥이 제2의 척추처럼, 주말 공사 현장 주변에 자동차 수천 대가 막힌 교통 정체처럼 차곡차곡 내 몸에 쌓이는 기분이었다.

나는 신음하고, 탄식하고, 훌쩍이며 변기에 앉아 있었고, 장에 꽉 들어찬 똥 덩어리를 배출하기 위해 과도하게 힘을 주다가 혈관이 터져서 뇌출혈로 이어지면 어쩌나, 두려워했다. 완전히 허황된 두려움도 아닌 것이 응급 의사인 내 친구 M은 지난 수십 년 동안 병원에서 그런 죽음을 여러 번 경험했다. 나는 변기 위에서 웅크린 채 사망한 변비 환자가 될까 봐 두려웠다.

검시관은 아마 이렇게 말할 것이다. "안타깝군요. 성공 직전이었는데…."

이 고통의 시간 동안 나는 변기에 오래 앉아 있던 아버지를 생각했다. 변비는 아버지의 지병 중 하나였다. 기사 몇 개뿐인 일간지로는 충분하지 않은 날들이었다. 변기에 앉아 있는 시간을 때우기에는 신문이 너무 얇았다. 그래서 아버지는 주간신문 《차이트Zeit》 또는 한 손에 들어온다는 이유로 주간잡지 《슈피겔Der Spiegel》을 집어 들었고, 좀머나 아우그슈타인 등의 기발하고 긴 글을 읽었다. 똥이 나오기를 기다리는 기이한 방식으로 아버지의 정치 성향이 형성되었다.

나의 불쌍한 아버지가 오늘날 우리가 알고 있는 것을 알았더라면! 임무를 거부하는 태만한 근육 호스를 위해 더 많은 일을 했더라면! 채소 섭취량을 늘리고 과일도 더 많이 먹었더라면! 아버지는 '일야 로고프Ilja Rogoff'의 마늘 약을 먹었다. 러시아 캅카스 지역 또는 불가리아의 광부였다고 전해지는 로고프처럼 130세까지 살고 싶었기 때문이다. 물론 그는 그저 광고 캐릭터였을 뿐일 수도 있지만 말이다. 마늘 약은 대장에 눈곱만큼도 도움이 안 되었다.

아버지는 차전자피를 복용하지 않았다. 그런 것이 있는 줄도 몰랐다. 그는 자기 몸속의 생태계에 대해 전혀 몰랐다. 자신의 장 길이가 5미터, 아들은 8미터가 넘는다는 것도 몰랐다. 펼치면 그 표면이 30~40제곱미터로, 아버지가 월세를 내주었던 내 대학생 시절의 아담한 자취방보다 더 넓다는 것도 몰랐다. 여기서 한 가지 밝히자면, 인간의 장 길이는 매우 다양하다. 어떤 사람은 아주 짧고, 어떤 사람은 아주 길다. 어떤 길이도 가능하다.

그리고 아버지는 별도의 기관이나 마찬가지인 장내 미생물군, 즉 장에 서식하는 수십억 개의 박테리아에 대해 읽어본 적이 없다. 자신의 몸이 이 작은 생물들의 거주지라는 사실을 알지 못했다. 숙박객이 누군지 모르는 여관 주인처럼. 그렇다, 그는 자기 여관에 숙박객이 있다는 사실조차 몰랐다.

오늘날 우리도 장내 내용물 1그램에 세계 인구보다 더 많은 미생물이 산다는 말을 들으면 입이 떡 벌어진다.

맙소사, 우리 한 사람 한 사람이 무한한 생명체의 우주를 품고 있다! 이 우주는 뇌와 긴밀히 소통하지만, 뇌와는 독립적인 걸작이다. 음식 수송을 유지하는 수많은 작은 회로를 뇌로 일일이 제어하려면 뇌가 지금보다 몇 배는 더 커야 할 것이다! 오늘날에서야 이제 막 이해하기 시작한 이 공장은, 공장 주인 우리가 아무 생각 없이 독일제 도기변기 또는 시베리아산 '간이 똥통Donnerbalken'에 앉아 볼일을 보고, 똥을 싸고, 대변을 보고, 밀어내기 한판을 벌이고, 속을 비우고, 방귀를 뀌는 동안, 그리고 우리가 선 채로 이탈리아산 또는 스페인산 소변통을 채우고, 그리스 덤불 뒤 또는 일본의 고급 비데에서 급한 용무에 순종하는 동안, 쉼 없이 호르몬을 생산하고, 전달물질을 제조하고, 음식을 분해하고, 독소를 해독하고, 점막을 재생하고, 면역 체계를 유지하고, 세균을 억제하는 등 우리의 속 편한 생활을 위해 애쓴다.

과학자들은 대인공포증이 있는 사람들의 장내 미생물군을 쥐에 이식하는 실험도 했다. 그 결과 쥐들도 갑자기 겁이 많아졌다.

나의 불쌍한 아버지가 자신의 두려움과 짜증, 때때로 폭발하는 다혈질, 이따금 등장하는 소심함이 장내 미생물군과 관련이 있다는 것을 조금이라도 알았더라면 그의 영혼은 확실히 부담을 덜었을 것이다.

나는 변기에 웅크리고 앉아 필립 로스Philip Roth와 그의 책 『포트노이의 불평』, 그리고 이 책의 주인공인 알렉스 포트노이의 아버지를 생각했다. 항문에 좌약을 넣고 석간신문을 읽는 아버지. 그는 몇 시간이고 앉아 있다가 아내가 부르면 이렇게 소리쳤다. "그냥 좀 내버려둘 순 없어?" 그리고 간청했다. "여기에서 볼일을 마칠 수 있게 제발 평화를

줘!" 그는 입안을 가리키며 아들 포트노이에게 이렇게 말했다.

"안을 들여다 봐. 시커먼 부분이 보이지? 그냥 시커먼 게 아니야. 그건 밑에서 밀고 올라온 푸룬이야. 원래 아몬드(편도)가 있던 자리였지. 다행히 그걸 없애버렸기 망정이지, 하마터면 자리가 모자랄 뻔했어."

푸룬.

내 경험에 따르면, 상황이 심각해져서 똥이 돌처럼 딱딱해지면 가망이 없다. 그런데도 이 점을 간과하면, 예전에 내가 아침 8시, 9시 즈음에 호텔 조식 뷔페에서 멍청하게 마구 먹는 바람에 일어났던 일이 벌어질 수 있다.

그날 아침을 먹은 직후 나는 낯선 도시에서 오랜 친구를 만났다. 우리는 함께 커피를 마시고, 그의 사무실로 가는 길 중간에 있는 호텔을 향해 걸었다.

바로 그때 푸룬의 효과가 느껴졌다!

긴박했다!

즉시 대응하지 않으면 바로 그 자리에서, 호텔 앞에서, 똥 폭탄이 주변을 초토화시킬 것 같은 긴박감이 느껴졌다.

그러나 친구는 아무것도 모른 채 말을 이어갔다. 그는 새로운 화제를 던졌고, 다시 세 번째 일화를 떠올렸다. 자기 옆에 살아 있는 푸른 수류탄이 있다는 것을 전혀 모르는 수다쟁이였다.

나는 엉덩이에 잔뜩 힘을 준 채 한 발 한 발 조심스럽게 내딛으면서 축 처진 바지로 친구 앞에 서 있는 모습을 상상했다. 푸른 수류탄에, 아니 그의 수다에 멀리 날아가는 내 모습이 보였다. '도심 호텔 앞에서 벌어진 대장 참사!' 나는 이런 신문 헤드라인을 상상했다. 마침내 필사적으로 버티며 기다렸던 한마디를 들었다.

"그럼 잘 가!!!"

나도 똑같이 친구의 얼굴에 대고 울부짖은 다음, 아연실색한 친구를 버려두고 다리를 바짝 조이고 꼬며 도망치듯 호텔로 뛰어가 계단을 올라가서, 카드가 어디 있지? 어디? **어디?**, 딸깍, 문이 열리고 화장실로 가서 바지를 내리고 마침내 변기에 안착. 그렇다, 내 엉덩이가 변기와 만났고, 안도라는 아름다운 표현을 확실하게 이해하게 되었다. 지금도 나는 그때의 안도감을 느낄 수 있다.

"이런 예쁜 상자를 주다니, 여보 고마워. 멋진 선물이야!" 나는 자리에서 일어나 아내를 껴안으며 말했고, 환호하는 사람들과 다시 건배했다.

폐

들이쉬고, 내쉬고.

들이쉬고, 내쉬고.

나는 심장부터 대장, 피부부터 생식기에 이르기까지 중요한 신체 부위 모두를 정기적으로 검사하지만, 폐에 대해서는 거의 걱정하지 않는다. 이상하지 않은가? 폐가 없으면 정말 아무것도 할 수 없다. 폐가 눈에 띄지 않게 당연하다는 듯 조용히 임무를 수행하고 계속해서 성과를 내니까 사람들은 때때로 폐의 존재를 잊어버리는 것 같다.

들이쉬고.

토마스 만은 폐병으로 인해 다보스 요양소에 입

원한 아내를 방문하면서 폐병 환자를 다룬 소설 『마의 산』의 영감을 받았고, 이런 이유로 폐병의 위험을 누구보다 생생하게 직면했으며, 그의 일기에는 건강염려증에 가까운 자기 관찰이 가득했고, 말했듯이 토마스 만은….

내쉬고, 들이쉬고.

'맙소사, 이 문장은 왜 끝나질 않지?'

…어쨌든 토마스 만은 1946년 악성 종양 때문에 폐 일부를 잘라내야 한다는 말을 들었을 때, 다음과 같이 썼다. "나는 놀람보다 당혹감이 더 컸는데, 호흡기관에 어떤 문제가 생길 것이라고는 전혀 예상하지 못했기 때문이다."

내쉬고, 들이쉬고.

그는 전혀 예상하지 못했다….

토마스 만도 나와 마찬가지였다!

내쉬고, 들이쉬고, 내쉬고.

나는 폐렴을 앓았던 적이 있다. 그때도 D교수에게 갔고, 그는 나를 엑스레이실로 보냈고, 촬영 후 다시 돌아오니 폐렴이 맞다고 말했다. 방사선과 전문의도 같은 진단을 내렸다. D교수는 항생제를 처방했다. 나는 너무 지친 나머지 약국, 그다음에 집까지 거의 기다시피 느리게 걸었다. 약 100미터 거리였는데도 마라톤을 완주한 사람처럼 기진맥진했다. 열도 났다.

하지만 흥미롭게도, 실은 크게 걱정하지 않았다. D교수도 심각한 질병으로 보지 않는 것 같았다. 나중에야 폐렴으로 사망할 수도 있다는 글을 읽었다.

사망!

독일에서 매년 3만 명이 폐렴으로 사망한다.

사망!

나.

나는 담배를 피운 적이 없고 늘 운동을 해왔으며 거의 매일 신선한 공기를 마시며 산책한다. 바깥 공기를 마시면 기분이 좋아지는 이유는 여느 도시가 그렇듯 공기가 유난히 맑아서가 아니라, 날숨 때문에 실내 공기가 나빠지기 때문이라는 사실을 아는가? 실내 공기에는 이산화탄소가 더 많이 포함되어 있고, 그것을 다시 흡입하기 때문에 혈액 내에 이산화탄소 농도가 높아진다.

호흡기 전문의 카이미하엘 베에Kai-Michael Beeh는《쥐트도이체차이퉁Süddeutsche Zeitung》과의 인터뷰에서 이렇게 말했다. "어딘가 불편한 기분이 들면, 창문을 열고 심호흡을 하세요. 혈액 수치가 금세 정상으로 돌아와 기분이 좋아질 겁니다."

베에는 폐에 관한 책을 썼다. 나도 읽긴 했지만, 오직 이 장을 쓰기 위해서였다. 평소 같았으면 결코 그런 책을 집어 들지 않았을 것이다. 심장에 관한 책이라면 얼른 집어 들었겠지만.

내 폐를 꺼내서 펼치면 70제곱미터쯤 된다. 현재 뮌헨의 평균 월세가 1제곱미터당 22유로니까, 70제곱미터면 1,540유로(약 240만 원)이다. 그러니 폐가 잘 접혀서 몸속에 있는 것은 비용 절감 차원에서 매우 효율적이다. 그렇지 않았다면 뮌헨의 높은 월세를 감당하지 못하고, 폐를 위한 월세를 370유로로 줄이기 위해 월세가 뮌헨의 반에 반도 안 되는 외곽의 플라우엔으로 이사해야 했을 것이다.

대장암으로 세상을 떠난 친구들이 있었다. 나는 장례식 다음 날 대장내시경을 예약했다.

또 다른 친구 두 명은 췌장암으로 사망했다. 나는 즉시 위장 전문의를 방문했다.

아버지가 심장마비로 돌아가신 다음에는 정기적으로 심장 전문의에게 검진을 받고 있다.

한 친구가 친구들 가운데 최초로 전립선을 제거하기 전에도, 나는 이미 1년에 한 번씩 비뇨기과에 가서 검사 막대를 엉덩이에 밀어넣었다.

호흡기 전문의에게는 가본 적이 없다.

호흡기 문제도 거의 없다. 베에는 2012년에 독일에는 전문의가 1만 명인데 그중 폐 전문의는 90명에 불과하다고 말했다.

친한 친구 중 한 명은 담배를 하루에 많게는 세 갑씩 피웠다. 그는 기도에 염증이 생겨 기도가 점차 좁아지는 불치병인 COPD, 만성폐쇄성폐질환에 걸렸다. 그 친구는 극심한 고통에 시달렸고, 호흡 장치의 도움 없이는 숨을 쉴 수 없었으며, 코에 튜브가 꽂혀 있어서 씻으러 가는 것조차 끔찍한 고문처럼 느꼈다. 식당에서 차까지 함께 걸으면 그는 차 문에 매달려 10분을 쌕쌕거렸다.

그런데도 나는 아직 잘 아는 폐 전문의가 없다.

베에가 말했듯이, 폐는 "예를 들어, 심장과 같은 매력을 발산하는 데 결코 성공하지 못했다". 심장은 뇌와 동급의 스타 신체 기관이다.

오토바이 사고에서 막 회복 중이던 네 살 때, 우리는 가족 행사를 위해 삼촌을 방문했다. 삼촌은 대농장을 가진 농부였고, 집 뒤의 공원 같은 넓은 정원에는 연못이 두 개나 있었다. 이 연못의 가장자리에 버드나무가 있었다. 식사 후에 아이들은 이 버드나무에서 꺾어온 나뭇가지를 가지고 놀았다. 아직 나뭇가지를 갖지 못한 나는 손을 뻗어 물 위에 드리워진 나뭇가지를 꺾으려 했다.

몸을 잔뜩 숙이고는, 조금 더, 조금만 더…

… 그리고 물에 빠졌다.

그때는 당연히 수영을 못했다.

같이 놀던 사촌들 모두가 아버지에게로 우르르 몰려갔고, 아버지는 내가 깊이 가라앉아 눈앞에서 나무뿌리를 선명히 보기 직전에 나를 끄집어 올렸다. 둑에서 물속으로 뻗은 나무뿌리는 내 폐가 물로 가득 차서 작은 무덤에 들어가기 전, 인생에서 마지막으로 본 장면이 될 뻔했다.

그 후 어떻게 되었을까?

가장 중요한 이야기를 여기에 밝히겠다. 나는 오랫동안 수중 공황 발작을 겪었다. 물을 무서워해서 수영을 뒤늦게 배우기 시작했다. 아버지는 일주일에 한 번씩 나를 수영 강사에게 데려갔다. 그의 이름은 루스였다. 아니면 루트였던가? 그는 몇 달 동안 애를 썼으나 소용없었다. 그는 이해하지 못했겠지만, 나는 두려움에 휩싸여 수영 동작을 하는 대신 미친 듯이 허우적댈 뿐이었다.

오직 수영만이 익사를 막아줄 수 있음에도 물

에 빠지는 게 무서워 수영을 하지 않았다.

3개월 뒤에 아버지가 수영 강습이 무의미하고 비용이 너무 많이 든다고 결론 내렸을 때, 루스 또는 루트 씨가 절망적으로 나에게 말했다. "그래, 악셀, 결국 제자리인 거니?" 나는 이 순간을 결코 잊지 못할 것이다.

대답은 열려 있었다. 제자리가 아니었다.

들이쉬고, 내쉬고.

나는 5학년이 되어서야 수영을 배웠다. 필수 과목이었기 때문이다. 체육 선생님은 우리가 수영을 할 때까지 계속 수영장에 데려갔다. 그리고 나도 곧 수영을 할 수 있게 되었다. 반 친구들과의 경쟁이 동기를 부여했다.

지금은 수영을 자주 한다. 약 50세가 될 때까지는 일명 개구리헤엄만 쳤고, 정형외과 의사에게 접영이 경추에 안 좋다는 이야기를 들은 다음에는 독학으로 자유형을 익혔다. 여름이면 거의 매일 호수와 수영장, 바다에서 45분 정도 수영을 한다. 수영

만큼 관절에 무리를 주지 않으면서 신체를 고르게 단련할 수 있는 운동은 없다. 그 어떤 운동도 수영만큼 상쾌하지 않다.

하지만 그보다는 물에서 몸이 부드럽게 미끄러지는 것, 물을 지배하는 기분, 둥둥 떠 있기, 몸을 물에 맡기는 기분, 그리고 무엇보다 그와 함께 고르게 이어지는 호흡, 즉 두려움 없이 어린 시절 물에서 겪었던 질식의 공포 없이 폐를 채웠다가 비우는 그 과정을 좋아한다.

들이쉬고, 내쉬고.

어렸을 때, 할아버지의 생일 파티에서 시를 낭송해달라는 요청을 받았다. 외우고 있는 시가 있었지만, 거절했다. 그것도 아주 단호하게. 나는 방을 나와 복도로 갔고, 부모님은 쫓아와서 설득과 협박, 질책으로 암송을 강요했다. 내가 굽히지 않자 부모님은 나를 계단에 혼자 내버려두었다. 숙모가 와서 위로해주었다.

며칠 후, 다시 조부모님 댁에 갔을 때는 부모님

이 동행하지 않았다. 그날 오후 시 낭송을 완강히 거부하며 앉아 있었던 계단에 다시 서게 되었다. 그때 설명할 수 없는 이상한 일이 일어났다. 이후에도 그 현상이 나타날 때마다 속수무책으로 오랫동안 공황 상태에 빠지곤 했다.

숨을 깊게 쉴 수 없었던 것이다.

이런 느낌이었다. 가슴이 조여져, 뭔가에 갇힌 것처럼 흉곽을 더는 확장할 수 없을 것 같았다. 겨우 얕게만 숨을 쉴 수 있었고, 커다란 폐를 다 채울 수가 없었다.

들이쉬고.

어린 나이였음에도 '이렇게 죽는구나' 생각했다. 처음에는 거의 익사할 것처럼, 그다음에는 서서히 질식하듯 숨이 막혔다. 나는 할아버지를 위해 시를 낭송하지 않아서 벌을 받는 거라고 계속 생각했다. 시를 낭송했더라면! 그러면 난간에 매달려 숨을 헐떡이지 않아도 되었을 텐데.

내쉬고.

부모님과 그것에 관해 이야기할 수는 없었다. 그때 부모님은 한스 삼촌의 심각한 병으로 힘들어했다. 문제를 일으키지 않고 건강하게 지내는 것이 내 임무였다. 늘 그랬다. 나는 그 이상한 호흡곤란을 잊으려 애쓰며 혼자서 끙끙 앓았다. 잊으면 사라졌고, 기억하면 돌아왔다.

들이쉬고, 내쉬고.

수십 년 후, 첫 번째 아내와 이혼하고 아이들과 떨어져 살면서 인생의 위기를 맞은 적이 있다. 무력감과 탐색의 시간이었다. 이명 치료사, 돌팔이 동종요법사, 고혈압 분석가, 두통과 요통을 치료해줄 사람을 찾아 비틀대며 도시를 돌아다녔다.

그러던 중 온갖 인도 물건으로 치장된 어두운 방에서 간이침대에 누운 내 배에 청진기처럼 생긴 물건으로 소리를 들으며 마사지를 해주는 낯선 여성을 만났다. 괴상한 굉음을 내는 기구를 사용하지 않았다면 거의 성적인 애무라고 해도 과언이 아니었다.

마사지가 끝날 무렵 여자는 내게 평소보다 깊고 빠르게, 더 깊고 빠르게 숨을 쉬라고 시켰다. 계속, 계속.

나는 시키는 대로 했다.

당시에는 과호흡이 무엇인지도 몰랐지만, 지시에 따라 깊고 빠르게 숨을 쉬었다. 당연히 그게 어떤 효과를 일으킬지도 몰랐다. 지금까지도 그 여자가 뭘 하려 했는지 모르겠다. 아무튼 과호흡으로 인해 산소가 폐로 너무 많이 들어가고 이산화탄소가 너무 많이 빠져나가자 혈중 칼슘 수치가 떨어지면서 신경과 근육이 자극을 받았다.

조금만 찾아보면 누구나 쉽게 알 수 있는 정보들이다. 나도 찾아보았다. 나중에.

다리가 저릿저릿했다. 팔이 마비되었다. 현기증이 났다.

"죽을 것 같아요! 무슨 일이 벌어지고 있는 겁니까?! 뭘 하신 거예요?! 이러다 죽겠어요!"

손이 오그라들며 굳어버렸다.

여자는 벌떡 일어나, 서랍장으로 달려가, 서랍을 벌컥 열고, 비닐봉지를 꺼내 와, 봉지 입구를 내 입에 댔다.

숨을 뱉으라고, 여자가 명령했다. "봉지 속에다 숨을 뱉어!"

나는 숨의 주인님을 대하듯 공손히 존댓말을 썼고, 여자는 숨의 노예를 대하듯 반말을 썼다.

들이쉬고, 내쉬고. 봉지 속으로 내쉬고, 봉지 안에서 들이쉬고.

이런 식으로 이산화탄소를 폐에서 봉지 속으로 뱉어내고, 다시 들이마신다. 물론 이제는 설명할 수 있다. 봉지 속 이산화탄소를 다시 폐로 돌려보내는 활동으로 폐의 산소와 이산화탄소 비율은 정상화된다. 신선한 공기를 마실 때와 같은 원리이다. 다만 방향이 반대일 뿐.

얼마 후 나는 다시 나로 돌아왔다.

작별은 짧았다. 그 후로 우리는 절대 다시 만나지 않았다.

폐

순수한 호흡이 먼저 혈액 내 물질 비율을 바꾸고 그다음에 정신 상태까지 바꾸는 것이 놀랍지 않은가? 그러니까 폐와 심장과 피와 뇌를 지나면서 자신을 금세 죽음의 공포로 몰아넣을 수 있다는 것이 놀랍지 않은가?

들이쉬고, 내쉬고.

반대로도 가능할까? 호흡으로 자기 자신을 공포에 몰아넣는 게 아니라 반대로 공포에서 꺼낼 수도 있을까?

그럼, 그럼, 그럼. 가능하고 말고.

예를 들어, 한숨도 도움이 된다.

인터넷 검색에서 스탠퍼드 대학의 스트레스 및 건강센터 소장인 데이비드 스피걸David Spiegel이 쓴 다음과 같은 글을 읽었다. "규칙적인 한숨은 마음을 빠르게 진정시키는 데 도움이 된다. 규칙적으로 연속 세 번 한숨을 쉬면 대체로 즉시 불안감과 스트레스가 해소된다." 일단 앉아서 정신을 집중할 필요가 없는 것만으로도, 때로는 명상보다 호흡 조절이 더 낫다. 불안이 밀려오는 상황에서 한숨을 몇 번 쉬는 것만으로 곧 모든 것이 나아질 것이다.

아니, 아무것도 나아지지 않을 수도 있다. 애석한 일이지만 세상의 고통을 한숨만으로 날려버릴 수는 없다.

하지만 더 차분해질 수는 있다.

몇 년 전에 《스포츠의학신문》에서 우리가 세계 정세나 선거 결과와 상관없이 "한 시간에 평균 열두 번 한숨을 쉰다"는 사실을 알게 되었다. 설명하자면 이렇다. 우리가 정상적으로 숨을 쉴 때, 수억 개의 폐포 중 상당수는 쪼그라든 채로 있다. 폐의 후미진 곳에 있는 폐포에는 공기가 충분히 채워지지 않는다. 한숨의 깊은 들숨 때 비로소 그곳까지 산소가 공급되고, 깊은 날숨이 다시 이산화탄소를 내보낸다. 그런 이유로 중환자실의 인공호흡기도 이따금 한숨을 만들어낸다. 얼마나 흥미로운가!

한숨은 건강에 좋다. 코로 한 번은 길게, 한 번은 짧게 들이쉬고, 입으로 길게 내쉬어라. 지금….

들이쉬이이이고, 들이쉬고, 내쉬고오오오.

이것을 '생리학적 한숨'이라고 한다. 문화센터에는 왜 '의식적 한숨' 강좌가 없을까? 왜 한숨의 대가는 없을까? 한숨이야말로 우리 시대의 제스처가 아닐까? 요즘 시대의 삶은 오직 한숨으로만 버틸 수 있는 걸까?

들이쉬이이이고, 들이쉬고, 내쉬고오오오.

재밌는 이야기 하나. 어제 단골 서점에서 베에의 책을 사 들고 나오는데, 점원이 내게 소리쳤다. 만약 자기가 교육부 장관이라면 어떤 교과목을 도입할지 아느냐는 것이다.

알 리가.

그가 호흡이라고 외쳤다. 제대로 숨을 쉬는 사람이 없다면서.

이 얼마나 아름다운 생각인가! "엄마, 아빠, 호흡 과목에서 만점을 받았어요!"

"흐음, 코로 들이쉬고. 후우, 입으로 내쉬세요." 필라테스 강사는 늘 이렇게 말한다.

그리고 오늘, 정말로 오늘!《쥐트도이체차이퉁》에 올바른 호흡법에 관한 기사가 크게 났다. 이 얼마나 중요한 기사인가! 호흡 조절은 수면 장애, 혈압 저하, 맥박 조절, 우울증 퇴치, 만성 통증 완화에 도움이 될 수 있다. 깊은 복식 호흡 열 번으로 공황 발작을 퇴치할 수 있고, 스트레스를 받을 때는 숨을 깊게 들이쉬어야 한다. 스트레스가 사라지면 안도의 한숨을 내쉬게 된다.

들이쉬고, 내쉬고.

안도의 한숨.

어디서 읽었는데, 사람은 일반적으로 1분에 10~14회씩 숨을 쉰다고 한다. 이것을 6회로 줄이면 건강에 긍정적인 영향을 미친다. 호흡 횟수가 줄면 몸은 당신이 자고 있다고 착각한다. 그래서 그 결과로 깊은 휴식을 느낀다.

이는 부분적으로만 폐와 관련이 있고, 대부분은 자율신경계와 연관된다. 여기서 우리는 놀라운 용어, 교감신경계와 부교감신경계를 만난다.

교감신경계가 없으면 어떻게 될까?

들이쉬고, 내쉬고.

교감신경계는 움직임을 가능하게 하고, 호흡과 심장박동을 가속하며, 적절한 산소 공급을 책임진다. 부교감신경계의 임무는 이완이다. 부교감신경계는 뇌에 진정 신호를 보낸다. 그 결과 심장박동이 느려지고 근육은 느슨해진다. 숨을 내쉴 때 부교감신경계가 활발해지고, 숨을 들이쉴 때 교감신경계가 활발해진다.

좀 더 긴장을 풀고 싶다면 숨을 내쉴 때 주의를 기울이는 것이 좋다. 들숨보다 날숨을 더 길게 하면 더 쉽게 이완된다.

4초 동안 들이쉬고. 6초 동안 내쉬고.

정신과 의사 토마스 뢰브Thomas Loew는 하루에 두 번, 각각 10분씩 이렇게 숨을 쉬라고 권한다. 그는 이것을 4-6-10 방식이라고 이름 붙였다. 4초 들이쉬고, 6초 내쉬기를 10분 동안 진행한다. 이것은 고혈압 치료제와 효과가 같다. 하지만 복용이 아니라 '실행'이 필요하다. 한 번으로 끝나지도 않는다. 그렇게 간단히 되지 않고 연습이 필요하다.

들이쉬고, 내애애애쉬이이이고오오오.

나는 이 방식에 매료되었고, 계속해서 숨쉬며, 그냥 숨쉬며 100세까지 살리라 결심했다.

들이쉬고, 내쉬고, 다시 들이쉬고, 계속해서 다시 들이쉬고.

무릎

믿기 어렵겠지만, 내 왼쪽 무릎 연골이 영구적으로 손상된 것은 따지고 보면 톨스토이 때문이다. 레프 톨스토이Lev Tolstoi.

아내와 바르셀로나에서 2주간의 휴가를 보내고 있을 때였다. 거기서 다시 마드리드로 넘어갈 계획이었다. 바르셀로나 시내를 산책하고 있을 때, 전화가 왔다. 2주 후, 그러니까 바르셀로나 휴가가 끝나면 곧바로 ZDF 방송의 〈문학사중주〉라는 토크쇼에 출연해달라는 요청이었다. 크리스토프 란스마이어Christoph Ransmayr의 신작 소설 『콕스Cox』와 조앤 디디온Joan Didion의 『헨리 이후After Henry』라는 에

세이집, 더하여 내가 잘 모르는 미국 작가 존 판트John Fante의 『1933년은 나쁜 해였다1933 Was a Bad Year』를 다룰 예정이었다. 그리고 번역이 개정된 톨스토이의 『부활』도 다룬다고 했다.

엄청난 요청이었다.

방송 출연을 위해 여행을 중단하고 독일로 돌아가는 것이 당연해 보일 정도였다. 이런 일을 거절하기에는 내 호기심이 너무 강했다. 또한, 너무나 기분 좋은 초대이기도 했다. 나는 허영심이 강했고 성공 지향적인 사람이다.

하지만 나는 란스마이어의 『콕스』도, 디디온의 에세이집도 읽지 않았다. 게다가 판트에 대해서는 들어본 적도 없다. 톨스토이 전문가도 아니다. 『부활』은 720쪽, 『콕스』는 304쪽, 디디온의 『헨리 이후』는 336쪽, 판트의 책은 감사하게도 144쪽이다. 글을 짧게 줄여서 쓸 줄 아는 판트가 벌써부터 좋아졌다. 아니, 그는 1983년에 이미 사망했으니, '글을 짧게 줄여서 쓸 줄 알았던 판트'라고 해야 맞겠다.

솔직히 말하면, 나는 텔레비전 출연을 좋아하지 않는다. 옛날부터 말을 하는 것보다는 남의 말을 듣는 걸 더 좋아했다. 토크쇼에는 맞지 않는 태도이다. 어째서 '리슨쇼'는 없는 걸까? 있다면 내가 적임자일 텐데.

방금 이 전화를 받고, 바르셀로나의 널찍한 인도에서 걸음을 멈춘 다음, 휴대폰을 주머니에 찔러 넣으며, 누구냐고 묻는 아내의 질문에 답했다.

"〈문학사중주〉에 출연해달래." 내가 말했다.

이때 내 목소리는 마치 이렇게 말하는 것 같았다. "모든 계획이 수포로 돌아갈 텐데, 어떻게 지금 독일로 돌아가겠어. 안 돼."

아내가 한숨을 쉬었다.

이럴 때, "당신 정말 대단하다! 그런 유명한 방송에 출연하다니, 당신이 정말 자랑스러워!"라고 외치며 남편에게 안기는 아내들도 있다. 하지만 나의 아내는 나를 너무 잘 알고 있다.

그녀는 이미 내 속내를 간파했고 앞으로 무슨 일이 벌어질지도 잘 알고 있었다. 그녀의 남편은 앞으로 며칠 동안 심드렁한 표정으로 멍하니 바르셀로나 거리를 터덜터덜 걸을 테고, 밤에는 땀에 젖은 잠옷을 갈아입어야 할 테고, 자면서 네흘류도프 영주와 젊은 예카테리나 마슬로바*에 대해 잠꼬대를 할 것이다.

그러나 상황은 다르게 전개되었다.

우리는 우선 도시의 다른 구역에 있는 카페에서 쉬기로 했다. 나는 택시를 불렀다. 택시 한 대가 교통의 흐름에서 벗어나 우리를 향해 달려왔다. 나는 밑창이 평평한 가벼운 가죽 신발을 신고 있었고, 땅이 아니라 택시에 주의를 기울인 채 머릿속에는 온통 톨스토이, 레오 톨스토이를 생각하고 있었다. 그때 길바닥의 맨들맨들한 돌에 미끄러져 넘어지면서 왼쪽 무릎이 갓돌에 부딪혔다.

* 『부활』의 남녀 주인공이다. 예카테리나 마슬로바는 여자 주인공 카추샤의 본명이고, 네흘류도프는 톨스토이의 분신으로 평가된다.

무릎

너무너무 아팠다.

나는 욕을 뱉으며 분노에 울부짖었다.

결국 우리는 호텔로 돌아갔다. 바지를 벗고 무릎을 확인해보니 잔뜩 부어올랐고 많이 아팠다.

"어떻게 하지?" 신음하며 물었다.

"R에게 전화해볼까?" 아내가 제안했다.

R은 수십 년 된 나의 물리치료사이다.

그는 처음 만났을 때부터 지금까지 늘 오직 '물리사'로만 나를 대했다. 나 같은 단골 고객들은 그를 '치료' 빼고 그냥 물리사라고만 부른다. 호칭과 달리 그는 나를 자주 치료한다. 근섬유 파열, 아킬레스건 염증, 뒷목 근육 뭉침, 슬개골 힘줄 손상, 갈비뼈 타박상, 요추 통증, 고관절 굴근 문제, 어깨 증후군 등.

아무튼, 그에게서 받은 가장 오래된 최초의 치료는 이렇다.

그것은 왼쪽에서 시작했다. 나는 모든 게 왼쪽에서 시작되는 것 같다. 팔을 어깨높이 위로 들어

올릴 수 없었다. 억지로 들어 올리면 통증이 느껴졌다. 등을 긁을 수도 없었다. 천장에 달린 전구 교체하기, 고통 없이 셔츠 입기, 선반에서 책 꺼내기도 불가능했다.

여기서 끝이 아니었다. 옆으로 누우면 아파서 잠을 제대로 잘 수가 없었다.

정형외과 의사는 이것이 주요 어깨 질환의 하나인 충돌증후군이라고 진단했다. 어깨뼈 아래 공간, 즉 힘줄과 신경이 있고 관절이 움직이는 그 공간이 너무 좁아서 충돌이 발생하는 병이다. 왜 좁아졌을까? 대표적인 이유는 힘줄의 석회화로, 독일인 열 명 중 한 명 꼴로 살면서 한 번쯤, 주로 50세쯤에 겪는 증상이다. 정식 병명은 석회성건염이지만 주로 오십견이라고 부른다.

당시 나는 49세였다.

정형외과 의사는 수술로 해결할 수도 있지만, 수술의 위험과는 별개로 재발 문제도 있다고 말했다. 코르티손을 주사하면 힘줄이 손상된다.

"그럼 어떻게 합니까?" 내가 물었다.

"R한테 가세요." 그가 말했다.

그래서 R에게 갔다.

내가 간이침대에 누워 있는 동안 R은 내 팔을 늘리려는 듯 계속 잡아당겼다. 그리고 특정 동작을 시켰다. 운동도 가르쳐주었는데, 모두 힘줄과 신경에 필요한 공간을 만들어 어깨뼈 아래 공간을 넓혀주기 위해서였다.

낫기까지 시간이 꽤 걸렸다. 나는 1년 넘게 일주일에 한 번씩 R을 방문했던 것 같다. 그는 내 팔을 잡아당기고, 또 당기고, 또 당겼고, 결국 왼쪽 팔이 오른쪽보다 정말로 10센티미터는 더 길어진 것 같았다. 나는 R에게 배운 운동을 하고, 또 하고, 또 했다. 어깨를 뒤와 아래에서 고정하여 어깨뼈 아래 공간을 넓히는 동작이었다.

맞다, 이것은 모두 글을 쓰면서 계속 구부정한 자세로 있었던 탓이다.

왼쪽 팔이 해결되자 얼마 후에는 오른쪽 팔

에 문제가 나타났다. 이번에도 R과 많은 시간을 보냈다.

그런 다음 문제가 해결되었다.

나는 거의 3년 동안 R의 단골이었다. 보험회사는 내게 짧은 공문을 보내서 R과의 물리치료를 종료하는 게 좋겠다고 은근히 압박했다. 나는 이렇게 답장했다. "어깨 수술 두 건과 그에 상응하는 치료비를 신청하는 편이 더 좋을까요? 당신들의 돈을 아껴주기 위해 내가 많은 시간을 할애했는데, 지금 그걸 불평하시는 겁니까? 불만은 부디 넣어두시길."

실은 순전히 인내심으로 두 번의 수술을 피한 나의 끈기가 자랑스러웠다.

R은 물리치료 분야에서는 최고이지만, 최고들이 늘 그렇듯 치료 때마다 정치인의 무능함, 오토바이 운전자들의 무례함, 프로 축구 선수의 게으름과 돈 욕심, 자기 가족의 배려 없음, 전처의 미친 짓 등등 때문에 나라가 망하기 직전이라고 불만을 털어

놓았다.

만약 내가 하고 싶은 말을 못 참고 다 쏟아내는 사람이었다면, 그러니까 방송에 나와 쉴 새 없이 떠드는 토크쇼 출연자였다면, 아마도 나는 두 번째 치료 때 치료를 중단하든지 아니면 침묵을 유지하든지 둘 중 하나를 택하라며 R과 싸웠을 것이다.

하지만 말했듯이 나는 타고난 경청자이다.

나는 R의 간이침대에 누워 그가 하는 말을 가만히 들었다. 끊이지 않고 흐르는 그의 문장에는 항상 '미친 짓'이라는 단어가 포함되어 있었다. "죄다 미친 짓이에요. 그러니까 결말이 그렇게 나쁘죠, 미친, 어떻게 인간이 그럴 수 있어요, 미친, 뭐 이런 더러운 세상이 다 있는지, 미친, 미친, 미친 짓이죠."

"그걸 어떻게 참는 거야?" 아내가 물었다.

나는 그저 즐긴다고 말했다.

마치 창문을 열고 여름 빗소리를 듣는 것처럼 R의 연설을 들었다. 나에게 그의 연설은 스포티파이에서 마음을 안정시키기 위해 듣는 뇌우나 파도

소리와 같았다. 나는 R의 연설을 CD에 녹음하여, 'R: 세금 제도에 관하여' 또는 'R: 정부의 어리석음에 관하여' 같은 제목을 붙이고, 다른 사람들이 숲의 소리를 듣는 것처럼 자장가 대신 듣는 상상도 했었다.

"R에게 전화해봐." 바르셀로나에서 아내가 말했다.

나는 R에게 전화를 걸었다. 그는 무슨 일이 어떻게 일어났는지 자세히 설명해보라고 했다. 그런 다음, 무릎에 얼음 찜질을 하고, 다리를 높이 올린 채 쉬라고 조언했다.

뭔가 망가진 거냐고 물었다.

그는 아닐 거라고 답했다.

"수술해야 할까요?"

"아닐 겁니다."

"집으로 돌아가야 할까요?"

"그럴 필요 없어요."

신기한 일이었다. R의 목소리만으로도 치료가

되었다. 하마터면 나는 그에게 전처의 악행이나 형제자매들의 어리석음, 독일 의료 제도의 미친 짓 등을 말해달라고 요청할 뻔했지만, 그건 안 될 말이었다. 그는 자신의 연설이 내게 미치는 진정 효과에 대해 전혀 몰랐으니까.

그의 말대로 하자 무릎의 부기가 빠지기 시작했다. 여전히 아팠지만 걸을 수는 있었다. 우리는 바르셀로나 여행을 계속했다. 여행을 마치고 나서는 〈문학사중주〉에도 출연했다. 나의 미미한 활약은 감사하게도 금세 잊혔다. 차라리 '무릎사중주'나 '어깨쇼'에 참여했더라면 더 나았을 것이다. 문학보다는 그쪽에 대해 더 많이 알고 있으니까.

결국 나에게는 왼쪽 무릎연골 손상만이 남았다. 그리고 반월상연골 문제까지 더해지고, 통증이 계속되고, R의 노력도 소용이 없었으므로, 정형외과 의사는 나를 다른 전문가에게 보냈다. 무릎 전문가가 있는 무릎클리닉으로.

무릎클리닉. 무릎글리닉. 무릌플리닉. 무릌플리

닉. 무플클리닢. 무클륳리릋. 무닉클리륳. 무리닉륳클. 무닉륳클리. 무클리닉륳.

맙소사, 내 직업은 얼마나 한심한가! 무릎 전문가들은 무릎을 수술해서 사람들을 고통에서 구해준다. 나는 한심한 말장난이나 하고 있는데.

나는 무릎 전문가에게 갔다. 건장하고 민첩하고 활달한 50대 후반 남자가 나를 향해 달려왔다. 그는 하이파이브 하며 인사했다. 벽에는 유명 축구 선수와 테니스 선수 들이 보낸 감사 편지가 붙어 있었다. 그는 나를 살펴보더니 앞으로 할 일을 종이에 그렸다. 여기를 약간 갈고, 이쪽을 조금 더 매끄럽게 하고, 여기는 조금 잘라낼 거란다. 별거 아니고, 자주 하는 수술이며, 20분도 채 안 걸린다는 말도 덧붙였다. 하지만 그래도 수술이니 잘 생각해보라고 말했다.

나는 잘 생각해봤다고 말하고 물었다. "수술은 언제 합니까? 얼마나 걸립니까?"

2주 후에 가능하다고 했다. 수술은 15분 남짓 걸

리고 오후에는 퇴원할 수 있단다.

맙소사, 이 사람은 15분 만에 무릎을 고친다! 나는 15분에 많아야 한 문단을 겨우 쓸 수 있다. 누군가 무릎을 고치는 동안 한 문단이 뭐란 말인가?!

수술 전날, 시야에 이상한 알갱이, 검은 점, 작은 실오라기가 자꾸 떠다녀서 안과에 갔다. 안과 의사는 비문증이라고 말했다. 날파리증이라고도 불리는데, 유리체가 탁해져서 생기는 증상이며 무해하지만 6개월 후에 다시 오라고 덧붙였다.

"한 가지만 더 말씀 드리자면…." 진료실을 거의 다 나왔을 때쯤 안과 의사가 이렇게 말했다. "번개가 보이면 즉시 오세요. 즉시."

다음 날 아침, 6시에 잠에서 깼다.

그리고 눈을 떴다.

내가 뭘 봤을까?

번개!

아버지는 눈이 한쪽밖에 없었다. 다른 한쪽은 전쟁에서 잃었다. 대신 유리 눈을 사용했고, 앞서 말했듯 이 유리 눈은 밤에 유리 그릇 속 붕소 물에서, 진짜 눈은 눈꺼풀에 덮여 아버지의 머릿속에서 잠들었다.

어느 날 학교에서 돌아왔을 때 어머니가 울고 계셨다. 아버지가 사무실에 있다가 갑자기 눈앞에 번개가 나타나 병원으로 이송되었다는 것이다. 망막이 박리되어 실명할 수도 있다고 했다. 병원에서는 레이저 수술을 시도했다. 당시에는 완전히 개발되지 않은 신기술이었다.

어머니와 나는 병원으로 달려갔다. 아버지는 이미 수술을 받고 눈에 붕대를 감은 채 누워 있었다. 병원 측은 아버지가 다시 볼 수 있을 거라고 장담했다.

하지만 당장은 아무것도 보지 못했다.

나는 아버지에게 손을 내밀며 말했다. "아빠, 괜찮아요? 저예요, 악셀."

아버지는 나를 쓰다듬어준 적도 없고, 안아준 적도 없으며, 다정하게 대해준 적이 한 번도 없었다.

어쩌면 누구에게도 그렇게 해본 적이 없을 것이고, 아버지의 아버지, 그러니까 나의 할아버지도 그랬을 것이고, 어쩌면 그의 세대 전체가 그랬을 수도 있다. 아니면 6년의 전쟁 속에서 친밀한 행위를 모두 빼앗겼을 수도 있다.

그때 아버지가 조용히 아주 잠깐 내 손을 잡았다.

그것은 내가 아버지와 보낸 가장 친밀하고 다정한 순간이었다.

그리고 그날 아침, 나는 아버지가 옛날에 본 것과 똑같은 번개를 보았다.

"이제 어떡하지?" 아내에게 물었다.

"정형외과에 먼저 전화해서 물어보는 게 어때?" 아내가 되물었다.

나는 아침 7시에 병원에 전화를 걸어 근무 중인 의사에게 증상을 설명했다. 그는 차분하고 여유로운 목소리로 말했다. "잘 알겠습니다. 우선 안과에 가서 치료를 받은 다음 다시 전화하세요. 눈이 더 중요하니까요. 수술 날짜는 다시 잡으면 됩니다."

수화기 너머의 모르는 의사를 향한 사랑의 물결이 내 마음에 가득 차올랐다.

나는 안과로 갔다. 옵살몰로지. 오, 이 얼마나 놀라운 단어인가! 옵몰살로지, 옵로지살몰, 옵지살몰로, 살몰로지옵, **그만, 제발 이제 그만, 스톱, 스톱!**

안과 의사는 내 눈을 들여다보더니, 괜찮다고 말했다. 나이가 들면서 유리체가 수축하고 내부에서 망막을 잡아당겨 번개가 생기는 거라고 설명했다. "6개월 후에 다시 볼까요?"

"네, 그럼 그때 뵙겠습니다."

나는 아내에게 전화를 걸었다. 이제 사건의 속도에 거의 질식할 것 같았고, 아내 역시 나의 불안정을 느꼈다.

"일단 얼른 집으로 와." 아내가 말했다. "정형외과에는 내가 대신 전화해서 물어볼게."

2분 후 아내에게 전화가 왔다. 지금 당장 가면 오늘 수술을 받을 수 있다고 한다.

무릎

정말 놀랍지 않은가?

나는 실명을 두려워했던 안과 환자였다. 하지만 두 시간 후에는 마취 상태로 수술대에 누워 무릎을 수술받았다. 그리고 지금은 여기 앉아서 옛날 진단서와 보고서 들을 읽고 있다.

'내측 반월상연골 후각의 오래되고 인상적인 비스듬한 파열, 내측 관절낭 부종/내측인대 자극. 활성화된 대퇴슬개골 관절증 … 3단계 대퇴경골내측 연골병증'

인상적인 비스듬한 파열. 축구계의 가장 유명한 무릎 몇몇을 포함해 수천 개의 무릎을 안팎에서 보았을 무릎 전문가에게, 내 무릎이 특별히 인상적이지는 않았을 것이다.

내 무릎의 내부 사진은 모두 동글동글하다. 전방 십자인대 사진은 마치 우주에서 찍은 붉은 행성 또는 죽어가는 태양처럼 보인다. 내측 반월상연골 파열은 누군가가 잘라놓은 흰색 채소, 예컨대 무를 닮았다.

이 모든 것이 내 안에 있다니 기분이 묘하다. 외과 의사들이 매일 무릎의 내부, 낯선 무릎 세계로 들어가 여기저기를 자르고, 청소하고, 윤을 내고, 제거하고, 갈고닦고, 꿰맨다. 그리고 그들은 그 과정에서 시상직경, 인대, 경비골관절, 장경골대 같은 모든 멋진 단어들을 중얼거릴 것이다.

고관절을 새로 갈아끼운 친구 M은 수술 후 담당 의사에게서 대퇴골두가 이미 연골경화로 대머리가 되었던 터라 제때에 수술을 아주 잘 했다고 들었고, M은 이 멋진 용어만으로도 수술 전의 엄청난 통증이 고스란히 느껴진다고 했다.

수술을 받고 나면, 다시 일상으로 돌아간다. 절뚝거리거나 보행보조기를 밀면서.

나는 목발을 짚었다.

나를 데리러 온 아내가 "이제 집에 가서 눕자"라고 말했다.

나는 그 말대로 소파에 누워 책을 읽었다.

그건 그렇고, 나는 〈문학사중주〉 출연 이후에야

비로소 새로 번역된 톨스토이의 『부활』을 제대로 읽었다. 그전에는 겨우 후루룩 훑어보고, 위키백과 같은 참고 자료만으로 방송을 간신히 준비했다. 내 직업은 종종 사기 같지만, 그것은 다른 주제이다. 참 다행이었다. 방송에 출연하지 않았더라면, 나는 그 책을 읽지 않았을 테고, 그건 참으로 애석한 일이었을 것이다. 이후로도 계속해서 톨스토이를 읽었다. 이번에는 1,536쪽에 달하는 기념비적인 작품이었다.

내 기억을 믿어도 될지 모르겠지만, 제목이 '무릎과 평화', 그 비슷했던 것 같다.

나는 무릎을 회복시켜줄 R에게 갔다. 그의 수다 폭포로 샤워하고 나자 곧 다시 걸을 수 있게 되었다. 계단이나 언덕을 오르면서 여전히 무릎이 아플 때가 있다. 통증은 무릎 세계를 관통하며 제 할 일을 꿋꿋이 한다.

그것은 무릎에 불과하다.

하지만 모든 것이 서로 연관되어 있는 것이 멋지

지 않은가?

    이제 나는 매끄러운 가죽 신발을 거의 신지 않는다.

코

거울 앞에 서서 코를 관찰한다.

기본적으로 코에 관해서는 별로 할 말이 없다. 내 코는 크지도 작지도 않다. 코의 중간 벽인 비중격이 살짝 휘었지만 수술할 정도는 아니다. 치기 어린 주먹질이나 운동 때문에 코가 부러진 적도 없는데, 이 점만은 애석하다. 그랬더라면 내 얼굴이 지금보다는 더 흥미로웠을 텐데.

나이가 들면서 아내에게 코털 좀 다듬으라는 잔소리를 자주 듣는다. 머리털은 줄어드는 반면 코털은 정글처럼 무성해지니 참으로 놀랍다. 어떤 노인들은 귓속에서도 털이 잡초처럼 자라 삐져나온다.

그런데 코! 왜 이렇게 생겼을까?

나는 때때로 코끼리 코를 가졌으면 어땠을까 상상해본다. 그러면 이 글을 쓰는 동시에 코로 접시에서 각설탕을 집어 커피에 넣고 찻숟가락으로 저을 수도 있고, 컵에서 커피를 빨아들인 다음 입에 넣을 수도 있다.

이마로 흘러내리는 머리카락을 강력한 콧바람으로 정리하는 것도 가능하다.

흘러내린 안경을 코로 조정할 수도 있다. 안경을 콧잔등에 잘 올려두는 것 역시 엄연한 코의 기능이지만 쉽게 간과된다. 코가 없다면 안경을 잠수경처럼 머리에 끼워야 할 것이다.

그런데 잠깐… 비중격!

콧구멍은 하나면 충분할 텐데 왜 칸막이를 세워 나눠놓았을까? 입은 하나뿐이다. 호흡하는 쪽과 먹는 쪽을 따로 나누지 않았다. 입이 세 개라면 어떨까? 치아가 없는 입으로는 음료수를 마시고, 치아가 있는 입으로는 음식을 먹고, 세 번째 입으로는 숨을 쉬는 것이다.

나는 코와 관련된 참고문헌을 조사하던 중, 요하네스 프라스넬리Johannes Frasnellis의 『냄새의 쓸모』라는 책을 발견했다. 이 책에는 마치 나를 위해 작성된 것처럼 "스테레오로 냄새 맡기: 콧구멍이 두 개인 까닭"이라는 장이 있었다.

프라스넬리는 남티롤 출신으로, 2014년부터 캐나다 퀘벡의 트루아리비에르 대학에서 후각 전문 해부학 교수로 재직하고 있다. 그는 먼저 놀랍게도 고딕 양식의 성당, 예컨대 빈에 있는 성슈테판대성당과 코가 '어떤 면에서' 비슷하다고 비교했다. 고딕 양식의 성당에는 곳곳에 작은 입구가 있고 그 뒤로는 거대한 회랑이 이어진다.

작은 콧구멍 뒤에는 10센티미터가량인 비강이 숨어 있는데, 입구가 너무 작지만 않으면 코 파기 숙련자는 집게손가락으로 이곳을 만질 수 있다. 그리고 중간 칸막이, 비중격이 두 비강 사이를 끝까지 가로막고 있어서, 실제로 사람의 코는 하나가 아니라 두 개인 셈이다.

그럭저럭 괜찮다. 하지만 이 때문에 더 좋은 점이 있다.

먼저 콧구멍부터 보자.

언뜻 생각하면 두 귀가 소리의 근원지를 찾고 두 눈이 삼차원 시각을 제공하는 것처럼, 스테레오 코는 양쪽으로 들어온 냄새를 동시에 비교하여 근원지를 알아낼 것 같다.

하지만 그렇지 않다. 냄새가 어디서 나는지 알려면, 콧구멍이 하나뿐일 때처럼 고개를 돌려야 한다. 우리는 개처럼—개도 콧구멍이 두 개다—행동해야 한다. 고개를 돌리고, 냄새를 맡고, 냄새를 따라가는 것이다.

그렇다면 왜 코는 두 개일까?

코로 냄새도 맡고 숨도 쉬어야 한다는 점을 고려하면, 칸막이로 나뉜 이중 코를 이해할 수 있다. 코 점막은 병원체, 포자, 먼지 등 몸에 해로운 온갖 외부 물질에 노출되어 있다. 코는 들이마신 공기를 깨끗하게 하는 역할뿐 아니라 보온과 가습도 담당한다. 프라스넬리는 이렇게 썼다. "이 모든 것이 폐를 보호하기 위해 수행된다. 이것은 좋은 일인데, 그렇지 않으면 우리가 바이러스에 노출될 때마다 감기 대신 폐렴에 걸릴 것이기 때문이다."

우리는 진화를 숭배하는 코 모양의 대성당을 지어야 하지 않을까?

코 점막은 콧속으로 흡입된 병원체를 처리해야 한다. 이를 위해 비강 하나는 다른 쪽보다 항상 혈류를 더 많이 공급받는다. 면역 체계의 백혈구가 그쪽 점막에 더 많이 도달하여 침입자와 싸운다는 뜻이다. 그래서 이 점막은 반대쪽보다 더 부어 오르므로 콧구멍이 좁아진다. 몇 시간 후에는 상황이 바뀐다. 혈류 공급이 다른 쪽 점막에 더 많아지게 된다. 신체의 문지기이자 경비원인 두 콧구멍이 서로 역할을 바꾸는 것이다. 이것을 '비주기Nasal Cycle'라고 부른다. 프라스넬리는 이렇게 표현했다. "비주기를 통해 비강의 최대 침투성과 최대 정화 기능 사이의 절충안이 마련된다."

이 정도 설명이면 충분한 것 같다.

나는 프라스넬리의 책을 읽고 나서 그의 열정에 감염되고 말았다.

우리가 냄새로 감지할 수 있는 수십만 가지 물질 가운데 어떤 한 냄새 물질이 내 코에 도달했다고 가정해보자. 그러면 무슨 일이 벌어질까?

우선 이 자극의 근원은 청각이나 시각, 예를 들어 천둥이나 번개 같은 물리적 감각처럼 멀리 있을 수 없다. 심지어 후각은 미량이라도 신체로 직접 들어와 담당 세포에 도달해야 자극된다. 냄새와 매우 밀접한 맛과 마찬가지로, 후각은 화학적 감각이다.

후각은 콧속에서 어떻게 작동할까?

양쪽 비강에는 점막이 깔려 있고, 점막 대부분은 미세한 털로 덮여 있다. 이들은 흡입된 공기를 정화하여 수용체 세포가 위치한 비강 윗부분 점막으로 보낸다. 이곳에는 섬모라고 불리는 속눈썹 같은 털이 있다. 그리고 여기에는 냄새 물질에 반응하는 단백질인 후각 수용체가 있다. 냄새 물질을 다루는 수용체 종류는 약 350~400가지이고, 냄새는 빛 자극보다 훨씬 더 복잡하여 우리가 가진 어휘로는 충분히 설명하기가 어렵다.

후각 수용체는 코뿐만 아니라 거의 모든 조직에서 발견된다. 그들의 역할은 명확히 밝혀지지 않았다. 프라스넬리는 이렇게 썼다. "정자 세포에도 후각 수용체가 있는데, 그중 하나는 재스민 같은 향기에 반응한다. 이 수용체 덕분에 정자 세포가 난자를 찾을 수 있는 것 같다."

그러니까 항상 코의 지시를 잘 따라야 한다.

경이롭지 않은가?! 이 모든 것이 내 몸에 있다니?! 이 얼마나 놀라운 냄새 왕국이란 말인가! 그저 한 명의 코에 불과한데.

코 말고도 인간의 몸에는 다른 여러 시스템, 기관, 세포 구조, 신체 구조가 있다. 그리고 지구에는 80억 명에 달하는 어마어마한 사람이 있다. 창조 이후에 도합 천억 개가 넘는 코가 지구에 살았다.

가장 멍청한 사람의 몸에서도 후각 세포는 놀라운 일을 한다. 후각이 손상된 불행한 사람들을 제외하면 모두가 이 기적의 세포를 선물로 받았다.

나는 왜 지금껏 이를 하찮게 여기고 관심을 두지 않았을까? 왜 내 안의 복잡한 냄새 처리 과정에 감탄하며 전율하지 않았을까?

끝나려면 아직 멀었다. 세상에나, 흥미로운 것이 또 있기 때문이다. 수용체 세포는 말하자면 통역사이다. 그들은 외부 자극을 뇌의 언어로 옮긴다. 전기 자극으로 바꾼다는 말이다.

외부에서 뇌로 가는 전기 자극은 뇌 깊숙한 곳에 자리한 시상이라는 배전반을 먼저 통과해야 한다. 마치 사장과 대화하려면 그의 비서에게 연락해야 하는 것과 같다. 이곳을 통과한 자극만이 의식에 도달하는데, 자극이 홍수처럼 끊임없이 밀려온다면 의식에 과부하가 걸릴 것이다.

하지만 냄새는 다르다.

냄새는 비서를 거치지 않고 곧바로 뇌에 도달한

다. 즉, 시상의 통제를 받지 않는다. 다른 센터와 달리 후각 센터는 뇌의 아주 오래된 영역이자 감정과 기억을 담당하는 변연계에 속한다. 그 때문인지는 몰라도 후각은 가장 오래된 감각이기도 하다.

냄새는 의식뿐 아니라 무의식에도 영향을 미친다.

마르셀 프루스트Marcel Proust도 이것을 알고 있었다. 그는 『잃어버린 시간을 찾아서』의 유명한 구절에서 레오니 고모가 보리수 꽃차에 담갔다가 건네곤 했던 마들렌의 맛과 향이 어떻게 어린 시절 전체를 상기시켰는지에 대해 다음과 같이 묘사했다.

> 이제 우리 집 정원의 모든 꽃과 스완 씨 정원의 꽃이, 비본 냇가의 수련과 선량한 마을 사람들이, 그들의 작은 집과 성당이, 온 콩브레와 근방이, 마을과 정원이, 이 모든 것이 형태와 견고함을 갖추며 내 찻잔에서 솟아 나왔다.

내가 아는 추억의 냄새는 무엇일까?

행복이 보통 예기치 않게 찾아오듯 갓 깎은 잔디밭 냄새는 종종 나를 행복하게 만드는데, 그 냄새를 맡으면 부모님의 정원에서 보냈던 오후가 떠오르기 때문이다. 그때 아버지는 정원에서 잔디를 깎았고 우리는 좌우로 움직이는 스프링클러의 물벽을 통과하며 뛰어놀았다. 하키장에서 훈련하거나 경기를 하던 날도 생각난다. 육체적 기쁨과 다음의 승리를 기약하는 희망으로 가득 찬 날들이었다.

커피 향은 다른 어떤 것보다 집의 편안함을 느끼게 한다. 우리 집에 세입자로 살았던 커피 영업사원 덕분에 어떤 날은 건물 전체가 그가 파는 제품에서 나온 커피 향으로 가득했었기 때문이다.

어머니 고향에서는 한 집 건너 한 집꼴로 집에서 시가를 만들었다. 그래서인지 온 동네에서 시가 냄새가 나는 것 같았다. 풀 냄새 같기도 하고, 흙냄새 같기도 하고, 나무 냄새 같기도 한 강렬한 냄새였다.

코

잊을 수 없는 냄새가 또 있다. 나는 어린 시절 매주 새로운 책을 찾아 시립도서관에 갔는데, 거기에는 선명하게 구분되는 종이 냄새와 잉크 냄새, 먼지 냄새, 독서에 빠진 사람들의 냄새가 있다.

아, 언젠가 내 차가운 몸이 무덤에 들어갈 때, 내 기억의 거대한 건물도 가져갈 수 있도록 갓 깎은 잔디와 갓 볶은 커피, 시가 한 대, 그리고 책들도 같이 넣어주기를!

하지만… 해골에는 코가 없다.

냄새를 맡는다는 것은 살아 있다는 뜻이다.

이제부터 다른 감각과 구별되는 후각만의 특징, 즉 코에서 뇌로 가는 직통 경로에 대해 얘기해보자.

독일의 전 축구 국가대표팀 감독 요아힘 뢰프 Joachim Low는 2016년 유럽축구선수권대회에서 우크라이나와의 개막전 때 카메라 앞에서 자기도 모르게 바지에 손을 넣어 성기를 만진 다음 손가락 냄새를 맡았다. 긴장된 상황에서 자기 확신을 위한 동물적 몸짓이었다.

몇몇은 분명 그걸 보고 자신의 행동이 떠올랐을 것이다. 음낭 냄새를 맡는 형태가 아니더라도 아마… 쉿, 물론 비밀이겠지?

솔직히 말하면, 초조한 상황에서 글을 쓸 때 나는 가끔 손가락 냄새를 맡는다. 하지만 냄새를 맡기 전에 바지의 어둠 속 0.5미터 깊이에 손가락을 넣는 일은 없다. 게다가 내가 일하는 장면은 국가대표 감독처럼 전 세계 언론의 주목을 받지도 않는다.

흥미롭게도 당시 뢰프의 행동을 본 대중은 크게 흥분했다. 사람들은 이 일을 '바지 게이트'라 불렀고, 급기야 국가대표팀의 공격수 루카스 포돌스키 Lukas Podolski가 선수들을 대표하여 전 세계 언론 앞에서 감독을 변호하기에 이르렀다. "뭐가 문제입니까? 아마 여러분 중 80퍼센트가 가끔씩 자신의 알을 만질 것입니다." 나머지 20퍼센트는 저널리스트일 것이다.

이 이야기는 인간의 동물적인 면을 비난하는 현대사회의 일면을 보여준다.

코

역사학자 알랭 코르뱅Alain Corbin은 자신의 유명한 저서 『악취와 향기』에서 후각을 "감정의 감각이자 감정의 비밀"로 묘사하며 이렇게 덧붙였다. "그것은 청각이나 시각보다 더 깊이 정신에 충격을 줄 수 있다. 생명의 뿌리까지 파고드는 것 같다." 코르뱅의 책과 그 내용을 바탕으로 한 파트리크 쥐스킨트Patrick Süskind의 훨씬 더 유명한 소설 『향수』는 살인자 그루누이의 이야기로 이를 묘사한다.

미술사학자 장 클레어Jean Clair는 자신의 걸작 『자코메티의 코Le Neiz de Giacometti』에서 이렇게 썼다, "코는 가장 거칠고, 가장 원시적이며, 가장 동물적인 감각 기관이고, 궁극적으로 우리를 타인의 비밀 영역, 존재의 가장 생생하고 취약한 부분이 감춰진 내밀한 구석구석, 목소리나 눈동자 색깔보다 훨씬 더 명확하게 존재를 드러내는 독특한 숨과 연결하는 기관이다."

우리는 어쩌다 후각을 원시적으로 볼 만큼 후각과 멀어졌을까?

우리는 자연의 냄새를 가리는 인공 향으로 가득한 탈취 사회에 살고 있다. 땀 냄새는 용납할 수 없고, 발 냄새는 혐오감의 극치이며, 개에게는 흥미진진한 명부와도 같은 골목 구석구석의 오줌 냄새는 참을 수 없는 악취로 여긴다.

하지만 스트레스 상황이나 성관계 등 진지한 상황에서는 인간 역시 예나 지금이나 후각 생물처럼 행동한다. 우리는 누군가의 냄새를 여전히 좋아한다. 마음에 드는 사람에 대해서는 "그에게서 좋은 향기가 난다"고 말하고, 마음에 들지 않는 사람의 행동에 대해서는 "구린내가 난다"고 표현한다. 우리는 자기 자신과 다른 사람의 냄새를 맡는다.

이런 식으로 우리의 삶은 매일 냄새와 동행한다.

그건 그렇다 치고, 인간의 후각은 개의 후각보다 훨씬 안 좋다는 것이 정설이다. 그러나 이는 연습 부족 때문임이 입증되었다. 후각은 훈련으로 크게 높일 수 있다.

하지만 우리는 그렇게 하지 않는다.

왜 그럴까?

프로이트는 다음과 같이 썼다.

> 그러나 후각의 퇴화는 인간이 땅을 버리고 직립보행을 결정한 결과인 것 같다. 직립보행으로 인해, 이전에 가려져 있던 성기가 밖으로 드러나 보호가 필요하게 되고 부끄러움을 불러일으켰다. (…) 여기서부터 연쇄적으로 후각의 평가절하, 생리 기간의 격리, 시각 중시, 생식기의 가시성, 성적 흥분의 지속, 가족 설립을 거쳐 인류 문화의 문턱에 이르렀다.

인간의 직립보행은 결국 자연과 멀어지는 것을 의미했다. 이는 다음과 같은 연쇄반응을 일으켰다. 갑자기 자유로워진 양손을 적절히 사용할 수 있게 되었다. 뇌가 커지고 언어가 발달했다. 냄새보다 장면과 소리가 더 중요해지기 시작했다. 만약 우리가 여전히 네 발로 돌아다녔다면, 유튜브는 냄새 채널

이 되고, 이 책의 독자들은 한 줄 한 줄 냄새를 읽었을 것이다.

프랑스 작가 미셸 옹프레Michel Onfray는 『쾌락의 예술L'art de jouir』에서 "코의 상실은 진화의 성공을 위한 조건인 동시에 진화의 증상"이라고 썼다. 인간은 후각을 잃어버림으로써 더욱 다양한 무형의 지능을 얻게 되었고, 거기서 신체는 첫째, 도구이거나 지성의 거주지이고, 둘째, 신체와 세계의 감각적 연결은 다소 힘들게 재발견되어야 하며, 때로는 충격적인 결과를 가져온다.

세상은 온통 향 막대로만 장식되어 있지 않다.

180센티미터 높이에서는 냄새 물질이 붙어 있는 바닥에서만큼 냄새를 잘 맡기는 어렵다. 하지만 더 멀리 볼 수 있고 더 잘 들을 수 있다. 문명화된 인간은 이성의 발정을 감지하기 위해 냄새를 맡을 필요가 없고, 옷으로 성기를 가리고 있어서 축구 국가대표팀 감독은 음… 냄새를 맡기 위해 벨트 아래까지 손을 뻗어야 했다.

뢰프는 문명인이다. 그와 이름이 닮은 뢰베(사자)는 그렇지 않다.

부끄러움이 각인된 인간의 문화에서는 자연의 냄새와 그것의 사용이 가장 미개한 것으로 취급된다. 이마누엘 칸트Immanuel Kant는 『실용적 관점에서의 인간학』에서 눈을 가장 고귀한 감각 기관으로 설명했다. 그리고 후각을 가장 불필요한 감각이라고 지칭했다. 하지만 이 무슨 말도 안 되는 소리란 말인가! 우리가 문화적이면서 동물적이고, 문명인이면서 동물이기에 다른 사람의 냄새를 낯설어하는 동시에 친숙한 깊이까지 빠져들 수 있다는 게 얼마나 멋진 일인가!

이 정도면 되었다. 이제 나는 잊을 수 없는 이 기적을 확인하기 위해 거울을 봐야 한다. 거울이 아니면 두 눈으로 내 코를 볼 수가 없다. 한쪽 눈을 감으면 콧등과 코끝 정도가 겨우 보인다. 내 얼굴에는 삶의 신비로움을 일깨워주는 멋진 무언가가 붙어 있다.

나는 분명 면역 체계, 혈액순환, 뇌 활동에 대해서도 이와 비슷한 말을 할지도 모른다.

하지만 지금은 코에 관해 쓰는 중이므로 그 말을 코에 썼다.

음경

옛친구 B를 오랫동안 만나지 못했었다. 그러던 어느 날 그에게서 메일이 왔는데, 전립선에 문제가 생겨서 전체를, 그러니까 그의 '물건'이 아니라 전립선을 제거해야 한다는 내용이었다. 불행 중 다행인가?

그의 수술이 끝나고 얼마 지나지 않아 함께 저녁을 먹었다.

"지금은 어때?"

"좋아. 다 괜찮아."

그는 입을 작게 오므려 뭐랄까, 복화술처럼 말했다.

"섹스는 괜찮아?"

"괜찮아. 그냥 안으로 사정하면 되니까. 그 외에는… 다 괜찮아."

"안으로 사정을 한다고?"

나도 모르게, 다소 목소리가 커졌다. 옆 테이블 사람들이 음식을 먹다가 우리 쪽으로 고개를 돌렸다. 그러거나 말거나 나는 놀라서 멍하니 있었다…. 안으로 사정한다니, 들어본 적도 없는 신체 과정이다.

"도대체 어떻게?"

"음, 원래는 전립선이 막고 있던 정액이 방광으로 가는 거지. 아이는 못 가져. 하지만 괜찮아. 어차피 아이를 더 낳을 생각이 없으니까."

우리는 주제를 바꿨다. 남자와 성관계에 관해 이야기하는 것은 쉽지 않았고, 특히 나는 더 그렇다. 성관계뿐 아니라 그에 따른 문제를 남자와 이야기하는 것은 훨씬 더 어렵다.

내가 기억하는 몇 가지 예외로, 몇 년 전에 친구

Z는 아내가 오르가슴에 도달할 때까지 사정을 참기가 상당히 어렵다고 말했다. 하지만 그는 1년에 한 번씩 일주일간 스위스로 휴양을 갔고, 스위스에서 돌아오면 이 문제가 싹 사라져 원하는 대로 사정을 참을 수 있다고 했다.

"스위스로 이사하는 건 어때?" 내가 물었다.

"휴양이 직업일 수는 없잖아. 어떻게든 돈을 벌어야지."

어느 날 그의 아내는 그에게 도대체 스위스에서 뭘 하다 오는 거냐고 물었다고 한다.

"그래, 거기서 뭘 하는 거야?" 나도 물었다.

"요가, 명상, 토론회. 섹스는 안 해. 주소 알려줄까?"

"섹스를 안 한다면…."

내가 좀 보수적이라는 점은 인정한다. 어쩌면 다른 남자들은 성관계와 그에 따른 문제에 관해 늘 이야기할지도 모른다. 아무튼 나는 그런 대화를 즐기지 않는다. 어쩌면 그래서 내가 아는 게 별로 없을 것이다.

군 복무 시절, 열쇠공이었던 동갑내기 부사관과 한동안 같은 방을 썼는데, 그는 주말마다 여자친구와 거하게 섹스를 하곤 했다. 일요일 저녁이면 부대로 복귀해서 이 내용을 아주 상세하게 이야기했다. 그래서 나도 잘 알고 있는 것이다. 당시에 나는 섹스 없이, 혹은 자위나 하며 보내는 주말이 대부분이었기 때문에 그의 자랑이 짜증스러웠다. 그러나 반대로 그에게는 침대에 누워 책만 읽는 내 모습이 짜증스러웠다.

"또 책이야?" 그가 약간 공격적으로 소리쳤다.

"또 했어?" 내가 되받아쳤다.

실제로 우리는 사이좋게 잘 지냈다. 그는 삶에 순수하게 만족했다. 나는 그 점이 부러웠다. 하지만 안타깝게도 그는 여자친구와 함께 살지는 못했다. 둘 모두 부모님과 함께 살았기 때문이다. 부모님 집에서는 섹스를 자제해야 했으므로 두 사람은 주로 그의 폭스바겐 비틀을 이용했다. 그러나 종종 미래의 시부모나 장인 장모가 집을 비울 때면 부모님의 넓은 침대를 차지할 수도 있었다. 부모님이 여행에서 돌아온 후에 맞는 금요일 저녁이면, 그는 한껏 풀 죽은 목소리로 내게 작별인사를 건넸는데, 그 모습을 결코 잊지 못할 것이다.

"다시 빌어먹을 폭스바겐 신세야."

다시 일반적인 전립선과 특히 내 친구 B의 전립선 이야기로 돌아가자. 최근까지 나는 전립선의 실체와 기능에 대해 전혀 알지 못했다. 매년 건강검진을 위해 단골 비뇨기과에 갔음에도 몰랐다.

또한, '역행성 사정'이라는 용어도 남성 생식기 관련 웹사이트에서 찾아보고 처음 알게 되었다.

> 역행(역류)성 사정의 경우, 정액의 배출 방향이 잘못되어 방광으로 역류한다. 따라서 사정을 하더라도 정액이 아주 조금 배출되거나 전혀 배출되지 않는다. 방광으로 들어간 정자는 소변과 함께 배설된다.

이것은 선천적일 수도 있고, 후천적으로 발생할 수도 있고, B의 경우처럼 수술의 결과로 나타날 수도 있다고 한다.

나는 비뇨기과에 가는 것을 싫어하지 않는다. 비뇨기과 의사는 나와 오랫동안 이야기를 나눈다. 의사들이 시간에 쫓겨 빠르게 진료를 끝내는 요즘 시대에 매우 드문 일이다. 그런 다음 그는 아무렇지 않게 내 항문에 손가락을 넣어보고 곧이어 거대한 탐촉자를 꽂는다. 그동안 나는 이를 악물고 진료실의 하얀 벽을 응시한다. 그는 신장 초음파 검사를 하고, 고환을 만져보고, 혈액 및 소변 검사를 진행한다. 그러고 나서도 우리는 계속해서 이야기를 더 나눈다. 나는 그를 좋아하고 그와 있는 것이 재미있다. 굳이 심각해질 필요가 없었다. 좀 더 자세히 살펴봐야 알겠지만, 일단은 너무 걱정하지 말라는 의미에서 심각해질 필요가 없었다는 뜻이다.

1970년대에 그는 진공청소기 자위로 인한 음경 부상에 관한 논문을 썼다. 필수 의학 지식과 탁

월한 안목을 겸비한 사람만이 그런 논문을 쓸 수 있다.

환자들은 발기하지 않은 성기를 진공청소기의 흡입 노즐에 삽입했다. 참고로, 열여섯 명 중 여덟 명은 코볼트Kobold 청소기를 썼고, 나머지는 끔찍한 사고 이후 브랜드 이름을 잊었다. 이 방법은 청소기의 흡입 효과를 이용해 발기를 유도하려는 것이었다. 문제는 당시 청소기의 흡입 노즐 길이가 짧게는 11센티미터에 불과했고, 노즐 바로 뒤에 회전팬이 있었다는 것이다. 의료 상식 웹사이트를 보니 그 이후로 자위로 인한 음경 부상은 코볼트병이라 불렸다고 한다. 물론 비공식적으로만.

진공청소기와 섹스를 하려는 남자가 있다니, 남자란 정말로 기이한 생명체가 아닌가? 혹시 진공청소기가 아니라 진공청소기양孃이라 적어야 했을까?

어쨌든 내 전립선 크기는 비교적 정상이다. 나의 비뇨기과 주치의 말로는, 젊은 남성의 경우 전립선 무게가 20그램인데, 나는 36그램이고, 100그램부터 문제라고 한다.

그러므로 모든 것이 괜찮다. 이 정도면 만족한다. 내가 듣고 싶었던 말도 그것이다.

다만, 전립선 무게 측정법을 깜빡하고 물어보지 않은 것이 아쉽다.

한번은 좀처럼 마주치지 않던 지인을 비뇨기과 대기실에서 만난 적이 있다. 내가 대기실에 들어섰을 때, 그는 눈에 띄게 깜짝 놀라서는 묻지도 않았는데 그냥 정기 검진차 왔다고 몇 번이나 강조했다. "정기 검진이죠. 정기 검진…." 남성에게 내려지는 네메시스인 천벌, 즉 불임 문제로 그가 이곳에 왔을 거라고 내가 오해할까 봐 전전긍긍하는 모습을 보니, 내 마음이 다 짠했다.

잠깐, 인과응보의 여신이자 복수의 여신인 네메시스가 그리스인들 사이에서 항상 수치의 여신인 아이도스와 함께 등장했다는 것이 흥미롭지 않은가? 복수와 수치심, 멋진 한 쌍이다!

그건 그렇고.

정기 검진. 그가 대기실에서 자신의 발기 문제를 내게 솔직하게 말하는 것을 내가 기대했으리라고, 그는 기대했을까?

재미있던 것은 대머리인 그가 그날 베이지색 목티를 입고 있었다는 점이다. 내 앞에 선 그는 가볍게 말하자면 포피를 젖힌 채 돌아다니는 음경처럼 보였다. 자신의 비뇨기과 방문의 일상성을 강조한 다음, 건재하는 남성성을 보여주기 위해 지난밤 친구와 레드와인을 폭음했음에도 완전히 꼿꼿했다고 설명하는 음경! 그렇다, 그는 정말로 완전히 꼿꼿했다고 표현했다. 아무튼 그는 레드와인 없이도 꼿꼿해지기 위해 비아그라를 처방받으러 왔을 거라고 내가 오해할까 봐 걱정하는 듯했다.

우리가 정형외과에서 만났더라면, 그는 자신의 고통을 내게 상세히 설명했을 것이다.

그 이후로 나는 축 늘어진 음경, 허리가 휜 페니스, 지친 남성, 병든 남근, 침 흘리는 물건, 건강검진을 위해 의자에 매달려 있는 가운뎃다리로 가득 찬

대기실을 상상했다.

가운뎃다리라….

흥미롭게도 이렇게 많은 별명을 가진 신체 부위는 없다. 나는 최근 프랑크 조머Frank Sommer와 올리버 베르트람Oliver Bertram이 쓴 『남성의 건강 음경 책Das Men's Health Penis-Buch』을 샀다. 읽는 동안 음경을 지칭하는 별명으로 마법의 센티미터, 스트랩, 윌리, 불끈이, 앞꼬리, 웅장한 남근, 유능한 친구, 딱딱한 막대, 방망이, 소피맨, 민감한 몽둥이, 물건 등 매우 다양한 이름을 발견했다.

선택의 폭이 아주 넓다.

첫 장에서 말한 것처럼 우리 집에서는 아이의 성기를 필러맨이라고 불렀다. 하지만 어른이 되어서도 그렇게 부르는 건 무리다. '남성의 건강 필러맨 책?'

남근 정도면 괜찮을 것도 같다. 남자의 뿌리라는 뜻이니까.

꼬추, 최고의 걸작, 봉, 존슨도 있다.

이에 못지않게 흥미로운 점이 또 있다. 철저히 구분된 두 가지 기능을 하고, 필요에 따라 물리적으로 완전히 변하는 신체 부위가 음경 말고 또 있던가? 내가 아는 한 없다. 굳이 찾자면 경례할 때 완전히 빳빳해졌다가 금세 지친 필러맨처럼 축 늘어져 흔들거리는 나치들의 오른팔뿐이다. 곧 힘이 빠질 신체 부위를 일부러 발기한 채 서로 인사하는 사람들보다 더 우스꽝스러운 장면이 있을까?

진화는 어째서 생식과 소변을 모두 허용하는 기관을 만들었을까?! 누가 그런 것을 생각해낸단 말인가? 그건 마치 귀로 수프를 떠먹을 수 있게 만든 것과 같다.

그리고 만약 남자들의 신체가 평소에는 눈에 띄지 않고 쪼그라든 상태로 있다가 임무를 수행해야 할 때만 평소보다 열 배로 커지고, 임무가 끝나면 다시 쭈글쭈글한 난쟁이로 돌아간다면 어떨 것 같은가?

이 기회에 고전적인 그리스 미술에서 벌거벗은

영웅이나 신의 음경이 왜 애기처럼 작은지 알아보면 흥미로울 것 같다. 피렌체의 시뇨리아 광장에 있는 미켈란젤로Michelangelos의 다비드 상은 영광스러운 남성성을 이상적으로 묘사했다. 그런데 음경은 손과 대조적으로 귀여워 보일 만큼 작다. 새끼손가락보다도 작을 정도다.

게르하르트 슈타군Gerhard Staguhn은 추천할 만한 그의 책 『음경 콤플렉스Der Penis-Komplex』에서 이렇게 썼다. "그것은 영웅의 영웅성을 전혀 해치지 않는다. 영웅 그 자신이 발기된 음경이기 때문이다." 앞서 언급했던 실버백 수컷 고릴라와 마찬가지다. 살아 있는 전신 발기! 게다가 다비드의 고환은 음경과는 달리 결코 작지 않다. 그것은 성인의 크기인데, 그리스인들은 한때 남성성을 상징하는 진정한 신체 부위가 고환이라고 여겼다. 슈타군은 남성성을 표현할 때 선호되는 그리스어가 '에노르카enorcha', 즉 '고환이 있다'라고 말했다.

바로 그런 이유에서 발기된 영웅을 표현하는 것

역시 어리석은 일이다. 첫째, 정해진 시점에 발기가 되는 것은 당연한 일이다. 둘째, 발기된 음경은 조형 예술의 조화와 균형을 파괴할 것이다. 셋째, 모든 예술품에 필수인 신비감을 깰 것이다. 그것은 남성을 성적 매력이라는 한 가지 측면으로만 축소한다. 따라서 다비드는 기괴할 정도로 우스꽝스러워질 것이고 "신비와 환상이 들어갈 자리는 없을 것"이라고 슈타군은 썼다. 도시 한복판 광장에서 발기된 음경을 보는 것은 두말할 것도 없이 대중의 눈살을 찌푸리게 한다. 16세기에는 다비드 상의 애기 고추도 무화과잎으로 가렸었다.

음경만큼 자기 맘대로인 자립적 신체 부위도 없다. 음경은 평상시 눈에 띄지 않는 존재, 즉 이완된 상태로 살다가 때가 되면 저항군 지도자처럼 벌떡 일어난다. 이런 식의 내부 지휘권 다툼을 독일에서는 '꼬리의 조종을 받는다'라고 표현한다.

슈타군은 안나미를이라는 소녀의 아름다운 가슴을 만질 기회가 있었던 사춘기 시절에 관해 썼다.

"아주 침착하고 최고의 위엄을 발산하는 동시에 어쩐지 건방지면서도 냉정하게 도발적인 독립된 생명체처럼 보이는 그녀의 두 가슴을 나는 정말로 부러워했다. 반면에 내 바지 속의 굵고 뻣뻣한 음경은 그 둘과 전혀 달랐다. 나의 음경은 건방지고 도발적인 것 같지만 그녀의 가슴 같은 침착함은 전혀 없었다. 나의 음경은 크게 흥분하여 끊임없이 뭔가를 요구하지만, 그것이 정확히 무엇인지는 말하지 않았다. 아마 당시에는 음경 자신도 몰랐을 것이다."

멋진 표현이다.

사춘기에는 신경질적이고 반항적이지만 무엇을 해야 할지 모르는 지휘관이 명령권을 쥔다. 그러다 늙으면, 명령을 내리기는커녕 오히려 거부한다. 머리, 심장, 다른 모든 신체 부위, 그리고 관련된 모든 사람이 뭔가를 요구하는데, 정작 요구를 들어줘야 할 기관이 임무 수행에 태만해진다. 똑바로 서서 임무를 수행하는 대신, 허벅지에 기대 축 늘어져 있거나 사타구니 사이에 덜렁덜렁 매달려서는 이 모든 것이 자기와 무관한 일인 것처럼 행동한다. 관련된 모든 사람이 애정을 갖고 친절하게 달래도 마치 섹스에 대해 들어본 적도 없고, 알고 싶지도 않은 것처럼 군다.

어떻게 해야 할까? 소리를 지르는 것은 도움이 안 된다.

예민한 남자도, 둔감한 남자도 발기부전을 심각한 수치로 여기고, 위기에 처한 자신의 남성성을 구하기 위해 고군분투한다. 왜 안 그렇겠는가! 음경이 제 기능을 하지 않으면, 패닉에 빠질 수밖에 없다. 경주용 자전거를 한 시간 정도 탔을 때, 음경이 완전히 마비되는 느낌을 받았던 기억이 난다. 내 물건이 다시는 아무것도 느끼지 못할까 봐, 그냥 뚝 떨어져 바지 밑단으로 흘러내릴까 봐 덜컥 겁이 나서 즉시 자전거에서 뛰어내렸었다.

남의 일에 관심이 많은 행인들은 아마도 꽉 끼는 바지를 입고 헬멧과 고글을 쓴 채 열심히 점프하며 가랑이를 마사지하는 한 남자를 보았을 것이다.

이런 경우에는 안장을 더 세심하게 조절하는 게 도움이 된다.

다른 경우, 그러니까 문제가 지속될 때는 조머―『남성의 건강 음경 책』을 쓴 두 작가 중 한 명이자, 2007년부터 함부르크에서 독일 최초로 남성 건강을 강의하는 교수―의 권고대로 비뇨기과 전문의와 상의해야 한다. 조머는 《쥐트도이체차이퉁 마가친》과의 인터뷰에서 1998년에 남자들의 성 혁명을 일으킨 비아그라가 출시되기 전까지 음경은 '미지의 존재'였다고 말한다. "발기는 간단한 문제로 취급되었지만, 전혀 그렇지 않습니다. 나는 발기부전 환자를 진찰할 때, 세 시간 동안 환자를 완전히 헤집어놓습니다. 신경, 음경 조직의 구성, 호르몬 영향, 혈류, 생식기 근육, 기타 여러 가지를 측정합니다. 발기는 복잡한 과정입니다…."

위대한 축구 선수 게르트 뮐러Gerd Müller가 떠오른다. 그는 "골대 앞에서는 연구하면 안 된다"라고 말한 적이 있다. 나는 계속해서 공상을 이어갔다. 우선 축구나 섹스를 단순히 골인이냐 아니냐로 축소해선 안 된다. 골은 아주 드물게 발생하는 한편 골이 없는 축구는 지루하다.

조머는 발기 문제의 90퍼센트가 일반적인 추측과는 달리 심리적 원인이 아니라 신체적 원인에 있다고 말했다. 과거에는 이런 문제로 남자들이 의사에게 가기까지 평균 12~15년이 걸렸다. 오늘날에는 2~3년 만에 간다.

내 경우에는 문제 발생 후 3일이 걸렸다.

나의 비뇨기과 전문의는 세 시간 동안 나를 헤집어놓고 싶지 않다고 말했다. 건장하고 수축성이 좋으며 그다지 뚱뚱하지도 않으니 굳이 음경 조직을 측정할 필요는 없다고 했다. "실제로 우리는—그는 이런 경우에 항상 '우리'라고 말한다— 단순한 존재가 아닙니다. 나이가 들수록—우리 둘 다 점점 나이가 든다—성관계를 원할 때는 더 많은 것이 잘 맞아야 해요. 예전에 우리가 젊었을 때처럼 그렇게 단순하지가 않아요. 요즘 스트레스가 많은가요?"

"네."

"스트레스는 발기 킬러입니다. 이런 문제가 얼마나 자주 발생했나요?"

"두 번."

"열 번이 되면 그때 다시 오세요."

나는 지금 그것을 기다리고 있다. 아니, 당연히 기다리지는 않는다. 스트레스는 어차피 피할 작정이었다. 내가 겪었던 신체적 문제의 4분의 3은 스트레스가 원인이었다. 평생 스트레스를 줄이기 위해 살았다고 해도 과언이 아니다.

섹스에 관한 한, 나는 어둡고 결핍된 시간을 보냈다. 필러맨 시절을 떠올리면, 내가 자란 당시에 강요되었던 묵언, 침묵, 은밀함이 떠올라 지금도 여전히 화가 난다. 그때는 섹스와 관련된 모든 것이 퍼즐 조각이었고, 그 조각들은 온 세상에 흩어져 있었다. 인터넷이 없던 시대였으므로 스스로 조각들을 찾아야 했다. 친구가 가지고 있던 누드 잡지는 헐거운 마루판자 아래 숨겨진 비밀 보물이었다.

부모님은 적어도 내 앞에서 임신을 위한 섹스도, 쾌락을 위한 섹스도 없는 것처럼 행동했다. 두 분이 낸 수수께끼의 답은 알아서 풀어야 했다. 나중에 귄터 그라스Günter Grass의 『고양이와 쥐』에 나오는 단체 자위 같은 내용을 읽으면, 항상 이렇게 생각했다. "아하, 이렇게 하는 거구나. 이렇게도 할 수 있구나. 쉽지는 않겠지만 당연해 보여."

우리 중 물건이 가장 긴 실링은 자기 것을 꺼내 일으켜 세운 다음 그 옆에 나란히 서야 했다. 말케의 것은 첫째, 둘레가 한 사이즈 더 굵었고, 둘째, 성냥갑 하나만큼 더 길었으며, 셋째, 훨씬 더 어른스럽고 위험하며 숭배할 가치도 있어 보였다. 그는 우리에게 다시 한번 보여주었고, 곧이어 두 번 연속으로 (우리끼리 하는 말로) 승리의 여신을 꾀어냈다.

내가 섹스를 갈망했거나 계속해서 갈망하려고

한 것도 아니었다. 그러나 그랬더라면 삶이 더 나았을지도 모르겠다.

하이라이트는 버스 맨 뒷자리에서 한 친구가 아이가 어떻게 생기는지 알아냈다고 말했을 때였다.

"어떻게 생기는데?"

"너네 엄마 아빠가 떡을 쳐야 해."

떡을 친다는 게 뭔지 정확히는 몰랐다. 하지만 격분해야 할 만큼 뭔가 아주 더러운 일이라 생각했다. 실행할 수 없는 어떤 더러운 활동을 표현하는 절대 사용 불가한 저급한 단어였다.

"우리 엄마 아빠가 떡을 친다는 얘기야?"

"당연하지."

나는 친구에게 그런 말을 또 하면 가만 두지 않겠다고 으름장을 놓았다. 걔가 나의 부모님을 극도로 모욕한 것 같았다. 부모님이 떡을 친다고? 그 결과가 나라고?

나는 너무 충격을 받아 며칠 동안 그 친구와 말을 하지 않았다.

흥미롭게도 방금, 열여섯 살 때 쓰던 장지갑에 콘돔 몇 개를 넣고 다녔던 기억이 떠오른다. 그리고 어머니가 나 몰래 지갑을 발견하고 열어보았던 것도. 집에 돌아와보니 내용물이 침대 여기저기에 흩어져 있었다. 나는 어머니께 따지지 않고 그냥 조용히 넘어갔다.

이것은 내 포경, 즉 포피가 제대로 벗겨지지 않아 발기 때마다 고통스러웠다는 사실을 아무도 몰랐던 것과도 이어진다. 나의 부모는 그런 문제가 존재할 수 있다는 사실조차 무시했다.

어차피 아버지는 나와 스킨십이 전혀 없었다. 나를 안아주지도 않았고 때리지도 않았다. 아버지에게 나는 육체적으로 존재하는 아들이 아니었다. 반면에 어머니는 두 가지를 모두 해주셨다. 내가 울거나 괴로워할 때면 안아서 위로해주고, 큰 가슴에 내 머리를 누이고 달래주었다. 하지만 갑자기 버럭 화가 나면 먼지털이로 나를 때리기도 했는데, 그럴 때면 지하실로 달아나 숨어야 했다.

이런 방식으로는 아들의 포경을 발견할 수 없다.

운동부 동료들과 샤워할 때나 군대에서도 문제는 드러나지 않았다. 그곳에는 온갖 종류의 남근들이 모인다. 놀라울 정도로 길고, 가여울 정도로 작고, 휘고, 곧고, 숙련되고, 숙련되지 않은 남근들. 그러나 포피가 제거된 모습이나 발기된 모습은 볼 수 없다.

앞서 말한 것처럼 침묵이 강요되었기 때문에 나는 이상하거나 아프고 불편하다는 사실을 말하지 않았다. 나는 청소년으로서 섹스를 갈망하는 동시에 때로는 그로부터 도망쳤다. 온전히 즐길 수 없었기 때문이다. 다만 막연하게 찝찝한 느낌을 받았다. 문제가 있는 게 사실이었으니까.

과연 오늘날에는 이것을 누군가에게 이야기할 수 있을까?

나는 대학에 입학하기 위해 고향을 떠났다. 스무 살 때였다. 뮌헨에 도착하자마자 가장 먼저 용기를 내서 비뇨기과에 방문했다. 며칠 후 외과 의사가 포경수술을 해주었다. 마취에서 깨어나 내 음경을 보고 깜짝 놀랐다. 노출된 귀두는 흰 거즈 위에 누워 있었고, 귀두 주변에는 실밥이 가시관처럼 둘러져 있었다.

그것은 해방이었다. 유행어를 따라 '자기 역량 강화'라고 말할 수도 있겠다. 나는 진짜 육체적 의미에서 청소년기의 갑갑함, 고통, 구속, 부자유에서 어느 정도 벗어났다. 살아온 세월이 몸에 새겨진다고, 앞에서도 쓰지 않았던가? 아마도 이 짧은 일화보다 더 좋은 사례는 없을 것이다. 그래서 이 이야기도 여기에 쓴 것이다.

발

왼쪽 엄지발가락을 본다. 오른쪽 엄지발가락보다 굵다. 아니, 지금 보니 부어오른 것처럼 보인다. 왼쪽 엄지발가락은 때때로 붉어지면서 통증이 생긴다. 정형외과 의사가 퇴행성 관절염이라는데, 뭘 어떻게 해야 할까? 의사는 심각하지 않으니 그냥 두라고 한다.

이상하게도 오른발보다 왼발에 관해 할 이야기가 더 많다. 정말 흥미롭지 않은가? 손도 마찬가지로 오른손보다 왼손에 관해 할 이야기가 더 많다. 아마도 내가 오른손잡이라 그럴 것이다. 앞에서도 봤지만, 칼을 쓰다 손을 베었다면 왼손을 다치는 것이 논리적이다. 말하자면 오른쪽은 가해자이고 왼쪽은 피해자이다. 이는 모든 신체적 사건에 영향을 미친다.

수십 년 전에는 오른손으로 라켓을 잡고 테니스를 치다 왼발 아킬레스건이 찢어졌다.

사건은 1월, 실내 테니스장에서 벌어졌다. 런지 자세로 공을 받는 중에 갑자기 크게 팝! 하고 뭔가 터지는 소리가 났다. 경기장에 있던 모두가 경기를 중단하고 주위를 둘러보았다. 나도 주위를 둘러보았다.

그렇다. 처음에는 그 소리가 나에게서 난 건지 몰랐다. 아프지도 않았고 평소처럼 걸을 수 있었다. 하지만 곧 이 사건이 나와 관련이 있음을 알아차렸다. 그런 사건은 몸이 알고, 발이 알고, 다리가 안다. 오직 뇌만이 그것을 인정하지 않을 뿐이다. 뇌에게는 다른 계획이 있다. 테니스를 마친 다음 뽀얀 밀맥주 한잔을 마시고, 저녁에 책을 읽고 싶다. 병원에 누워 있어선 안 된다. 그래서 뇌는 왼발에서 난

빌어먹을 팝 소리를 무시하려 한다.

나는 빌어먹을 실내 테니스장을 둘러보았다. 다친 사람이 아무도 보이지 않았고, 종아리가 보내는 자극이 점점 강해졌다. 그것은 마치 깊게 생각에 잠긴 뇌의 방문을 종아리가 처음에는 조용히, 그다음 더 세게 두드리는 것 같았다. 문을 두드려도 뇌가 반응하지 않자 종아리는 모든 문을 곧바로 통과할 만큼 큰 통증을 보냈다. 처음에는 작은 통증, 그다음에는 큰 통증. 통증이 너무 커서 속이 메스꺼웠다. 이때는 이미 병원에 누워 있었다. 같이 테니스를 치던 사람이 데려다줬다.

다음 날, 수술을 받았다. 그 후 다리 전체에 커다란 파란색 깁스를 했고, 그 거대한 다리를 택시에 밀어 넣고 집으로 돌아왔다. 소파에 앉자마자 다시 힘이 들었다. 이번에도 뇌는 이 문제를 회피하고 싶어했다. 하지만 왼발과 왼다리 전체, 그리고 위장까지 함께 문을 두드렸기 때문에 뇌는 조치를 취해야 했다. 나는 다시 병원으로 갔다. 깁스가 너무 조여서 결국 잘라내고 새로 씌웠다. 이번에도 파란색이었다.

파란색, 파란색, 파란색, 나의 깁스는 모두 파란색이다.

나는 깁스를 한 채 가만히 누워 있다가 종종 목발을 짚고 돌아다녔다. 하지만 그 상태로는 아주 멀리 가진 못한다. 이런 깁스는 무겁고 움직임에 방해가 된다. 마치 170센티미터 알파인스키에 부츠까지 착용하고 있어야 하는 것과 같다. 이런 삶에는 산책, 거친 섹스, 거품 목욕이 사라진다.

그럼에도 6주 동안 거대한 파란색 왼발로 전 세계를 돌아다녔다. 이 맥락에서 '돌아다녔다'는 동사를 쓸 수 있으니, 이 정도면 그럭저럭 괜찮았다.

최악은 가려움증이었다. 평소 있는지도 몰랐던 신체 부위가 깁스에 가려 손이 닿을 수 없게 되는 순간, 금세 가려워진다. 발가락에서 시작하여 음낭 바로 아래에서 끝나는 이런 깁스를 하면 중간 부근인 무릎 바로 아래가 가렵기 시작한다.

조금 가려운 것도 아니다.

비명을 지르고 싶을 정도로, 뇌가 오로지 '가려워, 가려워, 가려워'만 느낄 정도로 가렵다. 그리고 그곳에 닿을 만한 물건을 찾아 온 집안을 수색할 정도로 가렵다. 사무용 자로는 안 된다. 숟가락도 안 된다. 접이식 자로 시도해보지만, 20센티미터마다 접히는 구조라 깁스 안에서 무릎의 굴곡을 지나기에는 맞지 않다. 10센티미터마다 접히는 미니 접이식 자를 찾는다면, 가려운 부위에서 약 2센티미터 떨어진 곳까지는 닿을 수 있다. 마치 액션 영화와 같다. 배수관에 매달린 사람의 손과 구조자의 손이 아주 가깝지만, 2센티미터가 떨어져 닿지 않는다. 매달렸던 남자는 결국 떨어지고 만다. 그는 그렇게 사라진다.

하지만 가려움증은 그대로 남아 있다.

그러면 남은 선택지는 단 하나다. 무시. 가장 가혹한 억압. 군사 전초기지에서 본부로 끊임없이 연락한다. "여기서 나가게 해주십시오! 대포 공격을 받고 있습니다. 여기서 꺼내주십시오. 빌어먹을, 이 멍청한 놈들아, 우리를 꺼내달라고!" 그러나 본부는 무전기를 꺼버리고 침묵한다.

이 전략은 도움이 된다. 물론, 본부에만 도움이 된다.

드디어 깁스를 풀었다. 한 달 반 만에 처음으로 내 다리를 보았다. 체중도 근육도 줄었다. 무릎 아래는 이제 문제없이 긁을 수 있다.

하지만 이제 더는 가렵지가 않다.

한참이 지난 어느 날, 왼쪽 발바닥의 움푹 들어간 곳에서 혹을 발견했다. 이번에 만난 정형외과 의사는 발바닥 섬유종증이라고 병명을 명확히 진단했다. 양성 결합조직 질환인 이 병은 '레더호제병'이라고도 불리는데, 1894년에 이 병을 처음 발견한 독일 외과 의사 게오르크 레더호제Georg Ledderhose의 이름을 딴 것이다.

하지만 확실히 하려면 MRI를 찍어야 한다고 했다.

그래서 MRI를 찍었다.

방사선과 의사를 만날 때까지는 한 시간 반을 기다려야 했다. 대기실에 앉아 섬유종이 암으로 판명되는 상황을 상상하며, "처음에는 양성 같았는데 안타깝게도…" 같은 전형적인 문장을 떠올렸다. 문 뒤에 앉아 있는 의사를 상상할 시간은 충분했다. 책상에 앉아 MRI 사진을 보며, 맹수 같은 악성종양이 내 몸을 왼발에서부터 먹어치우기 시작했다는 소식을 어떻게 전달할지 고민하는 모습. 그가 나의 정형외과 의사에게 전화를 걸어 "안타깝지만 이런 건 처음 봐요. 완전 괴물이에요. 레더호제병? 아니에요. 젠장, 완전 초면이에요. 전혀 모르겠어요…"라고 속삭이는 모습. 동료 의사들을 불러모아 다 같이 나의 왼발 사진을 보며 마치 우주에서 거대한 적 함대와 맞닥뜨린 우주선 승무원들처럼 겁에 질려 침묵하는 모습.

거기까지 상상했을 때 내 이름이 들렸다.

방사선과 전문의가 환하게 웃었다. 그는 잠시 생

각하더니 이내 진단을 내렸다. "레더호제병입니다."

한때 내가 앓았던 또 다른 질병이 떠오른다. 질베르증후군*이라는 병인데, 독일에서는 이 병을 발견한 덴마크 의사 에이나르 묄렝그라흐트Einar Meulengracht의 이름을 따서 묄렝그라흐트병이라 부른다. 어쨌든 지금 내 병은 레더호제병이다.

아킬레스건 수술을 받았을 때, 젊은 인턴은 내 간 수치가 정상보다 두 배나 높아서 흰자위가 노랗게 변했다고 말했다.

"당장 검사를 받으셔야 합니다."

병원에서 막 나오려던 참이었는데, 어쩔 수 없이 목발을 짚은 채 D교수에게 갔다. D교수에게 심각한 간 질환에 걸린 것 같다고 말하면서 심장 정기 검진을 받으러 갔다가 이튿날 폐암 수술을 받았던 오랜 친구를 떠올렸다.

D교수는 피곤한 미소를 지으며, 혈중 빌리루빈

---

* 이 질병을 처음 기술한 프랑스 의사 오귀스탱 질베르Augustin N. Gilbert의 이름을 딴 것이다.

수치를 높이는 무해한 대사장애인 묄렝그라흐트병이 확실하다고 말했다. 인구의 약 8퍼센트가 앓고 있고, 여성보다 남성이 더 많이 걸리며, 수술 중 간에 무리가 가서 눈이 노랗게 변할 수 있다는 말도 덧붙였다. 그게 맞다면 이 병은 이미 사라졌을 것이고, 더 좋은 소식은 묄렝그라흐트병이 심혈관 질환을 예방할 수 있다는 것이었다.

기뻐해야 할 한 가지 이유다.

질병이 우연히 발견될 수 있다는 점이 흥미롭지 않은가? 그리고 그것이 유용한 질병이라니, 더욱 흥미롭지 않은가?

한편으로는 그렇다.

그리고 다른 한편으로, 우리는 몸의 근본적인 문제와 부딪힌다. 즉, 몸이 조용히 재앙을 만드는 동안 그 문제를 우연히 알 수밖에 없다는 의심이다. 몸에 대한 불신은 늘 존재하지만, 어떤 사람은 더 크게, 어떤 사람은 덜 크게 불신할 뿐이다. 몸은 비밀을 좋아하고 자기파괴 성향도 있는 것 같다. 몸은 우리가 알아야 할 것을 우리에게 알리지 않고, 스스로 해결하러 나서기 때문이다.

나는 건강염려증 환자일까?

답하기 어렵다. 내 생각에, 건강염려증 환자냐고 물었을 때 아니라고, 절대 아니라고 대답한다면, 그것이 건강염려증 환자라는 증거인 것 같다. 모든 건강염려증 환자는 자기가 진짜로 아프다고 확신하기 때문이다. 그래서 그는 이런 질문을 자신에 대한 공격이자 자신의 고통을 심각하게 여기지 않는 근거로 생각할 것이다. 그러나 건강염려증 환자가 아닌 사람에게 같은 질문을 하더라도, 그 역시 당연히 아니라고 대답할 것이다. 그것도 사실이다.

이런 식으로 보면, 건강염려증 환자는 존재하지 않는다.

몰리에르Molière라는 예명을 사용하는 장바티스트 포클랭Jean-Baptiste Poquelin은 건강염려증 환자를 다룬 『상상병 환자Le Malade imaginaire』라는 유명한 희곡을 썼다. 이것은 독일에서 '상상의 환자'라는 제목으로 번역되었는데, 사실은 '상상에 빠진 환자'라고 해야 맞다. 주인공 아르간은 상상의 인물이 아니라 상상으로 아픈 것이기 때문이다. 몰리에르 자신은 건강염려증 환자가 아니었다. 오히려 정말로 아팠음에도 의사를 경멸했다. 당시에 의사라는 사람들은 대개 돌팔이였기 때문이다. 그들은 몰리에르를 오락 감독으로 기용한 태양왕 루이 14세의 치아를 뽑다가 턱을 부러트렸고 왕의 질병을 말똥으로 치료하려고 하기도 했다.

  몰리에르는 기침을 많이 했는데, 그래서 그의 책에 등장인물들이 헛기침이나 기침을 자주 하는 것 같다. 그는 곧잘 무대에 직접 올랐고, 그래서 아플 때도 연기를 하는 게 쉬웠다. 생애 말기에 결핵을 앓았지만, 마지막 연극의 주인공, 즉 〈상상병 환자〉에서 아르간 역을 맡는 데는 전혀 어려움이 없었다. 네 번째 공연에서 몰리에르가 피를 토하고 쓰러졌을 때, 관객들은 이를 연극의 한 장면으로 생각했다. 공연은 취소되었고, 몰리에르는 집으로 옮겨졌다. 그는 무대의상을 입은 채로 집에서 사망했다.

건강염려증이 없는 환자가 건강염려증 환자를 연기하다가 사망했다. 이해가 되는가?!

다시 질문으로 돌아가면, 내 대답은 이렇다. "아닙니다. 나는 절대 건강염려증 환자가 아닙니다."

하지만 그것은 우리에게 아무런 도움이 안 된다.

그럼, 무엇이 우리에게 도움이 될까?

그런데 우리가 원래 무슨 얘기를 하고 있었지?

아, 내 왼발. 원래 주제에서 너무 많이 벗어났다! 하지만 그것도 나름 적합하다. 이 글이 탄생한 뇌에서 가장 멀리 벗어난 것이 바로 내 왼발이니까.

뇌

어렸을 때부터 종종 머리가 아팠다. 이마 뒤쪽에서 뭔가가 쪼고, 파고, 찌르는 것 같았고, 두개골이 깨질 것만 같았는데, 어두운 방에 혼자 있거나 아무도 내게 말을 걸지 않거나 언젠가 스르르 잠이 들 때만 그나마 참을 만했다. 나중에 십 대가 되자 두통약을 먹을 수 있게 되었다. 대학 시절에도 두통은 여전했다. 결국 병원에 갔을 때 의사는 '내가 할 수 있는 게 없다'고 말하는 듯한 프로페셔널한 표정으로 나를 빤히 보면서 심리적인 문제 같다고 말했다.

여기서 한 가지 밝혀두자면, 나는 '심리' 또는

'정신'으로 시작하는 단어는 모두 미친 것과 관련되었다고 여기는 세상에서 자랐다. 부모님과 조부모님, 삼촌과 숙모 들에게 정신과 의사는 미친 사람을 고치는 의사였다. 그들이 보기에 심리학자는 미친 사람을 연구했다. 누군가 내게 '심리적인 문제'라고 말한다면, 나는 그것을 존재하지 않는 문제라고 간주했다. 만일 그것이 존재한다면, 내가 정신의 문턱을 넘어 광기의 영역으로 들어갔다는 뜻이 되기 때문이다. 어느 누가 미친 사람이 되고 싶겠는가?

정신병동에 갇히고 싶지 않았으므로 두통약을 계속 먹었다.

나중에 기자로 일할 때, 주요 프로젝트가 시작되기 하루 전에는 거의 잠을 못 잤고, 잠깐 눈을 붙였다 아침에 일어나면 두개골에 망치와 끌이 꽂혀 있는 것 같았다. 두통약 한두 알을 삼키고 4~5일 동안 취재를 떠났고, 마침내 신문 한 면을 나의 기사로 가득 채웠다. 나는 이 일을 능숙하게 잘 진행했다. 유능한 기자로 인정받았고 나도 일을 좋아했다. 사람들이 들려주는 이야기는 흥미로웠다. 취재하는 동안은 마음이 편안했다.

하지만 그전에 절대 바뀌지 않는 괴로운 생각으로 가득 찬 밤이 있었다. 앞으로 며칠 안에 신문 한 면을 채울 만한 취재를 해낼 수 있을까? **못 하면 어쩌지?**

어린 시절에도 그랬다. 나는 착한 아이가 되고 싶었고, 내게 주어진 신문 심부름 임무를 착하고 성실하게 해내고 싶었다.

아버지가 돌아가신 후 생애 최악의 두통을 겪었다. 아버지가 사망했을 당시 38세였던 나는 너무 바빠서 제대로 애도하지도 못했다. 오로지 어머니를 잘 돌봐야 한다는 생각뿐이었고, 그저 무기력하게 고통 속에 누워 두통약이 효과를 낼 때까지 기다렸다. 착하고 성실한 아들.

나는 동종요법* 의사를 찾아가 인생과 몸에 관

---

* 자연요법의 한 형태로 '유사한 것이 유사한 것을 치료한다'는 원칙에 기반한다. 독일에서 동종요법은 대체의학으로 간주된다.

해 두 시간 동안 이야기를 나눴다. 그전까지 어떤 의사와도, 어느 누구와도 그렇게 한 적이 없었다.

나는 작은 환약을 받아서 복용했다. 모든 것이 좋아졌다. 지금 생각하기로, 그때 내게 도움이 된 것은 환약이 아니라 의사의 관심이었던 것 같다. 의사와 나누었던 대화. 그 환약으로 다른 문제도 해결해보려 시도했지만 아무런 효과가 없었다. 결국 환약에 대한 신뢰를 잃었다. 하지만 다른 것을 얻었다. 대화의 치유 효과에 대한 신뢰, 다른 지식과 경험을 가진 뇌와 생각을 교환할 때 내 뇌가 풍성해질 수 있다는 믿음.

나는 정신분석을 시작해서 어느 정도 성공적으로 마무리했다. 그 후 수십 년 동안 계속해서 심리상담사와 함께 삶을 반추하고 성찰했다. 그리고 20년 동안 두통을 앓지 않았다고, 자신 있게 말할 수 있다. 늦게나마 고통 없이 사는 법을 배웠다. 오랜 과정을 거치면서 미쳐버리지 않고 나 자신을 가장 잘 다스리는 방법을 이해하게 되었다. 미쳤다는 것은 정상궤도에서 벗어나 있다는 것, 자기 자신에게서 비켜나 있는 것, 미치지 않았다면 될 수 있었던 사람이 되지 못한 상태를 의미한다.

흥미롭지 않은가? 인생이란 자기 자신과 함께 살아가는 법을 배우는 것이라는 사실이. 그리고 진실을 인정하고, 사실을 직시하고, 그것이 의미하는 바를 인정하는 것 또한 인생이라는 사실이 흥미롭지 않은가? 내 경우에는 내가 아무리 기자로 살고 싶더라도 그것은 내 일이 아니었다. 나의 몸은 그 일을 견디지 못한다. 그런데 왜 그럴까? 그토록 기자가 되고 싶었던 사람은 어쩌면 내가 아니었기 때문일까? 다른 누군가가 내가 기자로 살기를 바랐던 걸까?

"그러니까 심리적인 문제였네요." 하지만 이 사실을 나에게 확고히 알려준 것은 결국 몸이었다. 당시 의사의 이 말은 그의 관점에서 작별인사였다. 내게는 마치 이렇게 말하는 것처럼 들렸다. "안녕히 가십시오. 당신은 살짝 미친 것 같네요."

기본적으로 이것이 시작이어야 했다.

아픈 것은 머리가 아니라 다른 뭔가라고 내게 말해줬어야 했다.

뇌는 통증을 느끼지 못한다. 바늘로 찔러도 아무 느낌이 없다. 통증 수용체가 없기 때문이다. 두통은 뇌가 아픈 것처럼 느껴지지만, 실제로는 뇌가 아니라 어떤 이유로 염증이 생긴 뇌막 혈관의 문제다.

괴팅겐 출신의 유명한 물리학자 게오르크 크리스토프 리히텐베르크Georg Christoph Lichtenberg—척추가 휘는 운명을 겪으면서 짧고 재치 있는 독일 격언을 창시한—는 생각으로 바꿀 수 있는 세계는 바로 자신의 몸이라고 썼다. 이때 그가 말한 생각이란, 실제로는 감정을 의미했다.

아침에 기분 좋게 집을 나설 때와 저녁에 패배감에 빠져 집에 돌아올 때의 몸은 느낌이 다르지 않은가? 감정은 몸에 영향을 미칠 수 있다. 예를 들어, 불안감은 밤에 이를 갈게 하고, 일이 안 풀리는

날에는 이명이 괴롭히고, 어떨 땐 두통이 심해진다.

다만, 감정 역시 당연히 에테르, 무無가 아니라 물리적 과정이자 신체적 과정이다.

한동안 나는 무엇으로도 통제가 안 되는 큰 불안감 때문에 새벽 2시 반에 깨어나 더는 잠들지 못했다. 명상도, 어떤 치료도, 운동도, 찬물 샤워도 도움이 되지 않았다. 식은땀을 흘리며 누운 채로 똑같은 걱정을 하는 것이 너무 괴로워 정신과 의사를 찾아갔다.

'사랑하는 부모님, 내 말이 들리나요? 당신의 아들이 정신과 의사에게 갔었습니다. 하지만 편히 쉬세요. 모든 것이 잘 되었습니다.'

나는 범불안장애라는 진단을 받았다. 그게 뭐냐면, 기본적으로 불안의 구체적 요인이 없었다. 불안은 유발 요인으로 삼을 만한 것을 찾아 방황했다. 먼저 불안감이 있었고, 그다음 그 요인이 있었다.

약을 받아 매일 복용했더니 도움이 되었다. 이 알약은 세로토닌 재흡수 억제제이다. 세로토닌은 신경전달물질로, 몸은 이를 사용하여 두 신경세포, 즉 전 시냅스와 후 시냅스 사이의 간격을 잇는다. 세로토닌이 전 시냅스에서 후 시냅스로 이동하는 것이다.

그런데 세로토닌 재흡수 억제제는 후 시냅스에서 세로토닌이 재흡수되는 것을 방지해 후 시냅스로 이동하지 못하게 하여 전후 시냅스 사이의 간격에서 세로토닌 농도를 증가시킨다. 세로토닌은 기분에 영향을 미치는 물질이므로, 이 호르몬의 농도가 증가하면 기분이 좋아진다.

몸속에서 일어나고 있는 일이 정말 놀랍지 않은가? 자기 몸에 가까이 다가가면 기적을 발견한다.

리히텐베르크는 생각이 몸을 바꾼다고 썼다. 그는 세로토닌에 대해 아무것도 몰랐지만 그가 말한 것이 바로 세로토닌 효과였다.

나는 다시 잠을 잘 잤고, 걱정도 적당한 수준으로 줄어들었다. 어떤 면에서는 운명을 원망하기도 했다. 그러나 무엇보다도 우울감을 막는 모든 예방

조치를 취하고 이것을 생애 최우선 순위로 삼을 만큼 다시 매우 활동적으로 바뀌었다. 매일 운동하고, 아침에 찬물로 샤워하며, 요리도 자주 해 먹으면서 인생을 즐겼다. 잘 지냈고, 잘 지내고 있다.

여기에서 아주 흥미로운 점은 이것이다.

나는 항상 뇌를 나의 중심, 그러니까 내 자아의 자리로 여겼다. 당신은 몸을 가졌는가, 아니면 몸이 곧 당신인가? 이 질문에 즉흥적으로 답하면 내 대답은 언제나 "나는 몸을 가졌다"일 것이다.

하지만 여기서 '나'는 누구인가?

우선 곧바로 이렇게 답할 수 있으리라. 나는 나의 뇌이다.

이런 대답 뒤에는 수천 년의 철학사가 있다. 플라톤은 인간이 육체와 정신으로 구성되어 있고, 정신이 육체보다 오래 산다고 가르쳤다. 주요 종교들은 이것을 영혼과 육체의 이원론으로 바꾸었다. 육체는 영혼의 임시 거처로, 영혼의 목적지는 다른 곳이다.

근본적으로 종교는 삶을 괴로워하고 죽음을 두려워하는 사람들에게 위로를 준다. 두려워하지 말고 종교에 순종한다면, 육체는 나쁜 일을 겪을 수 있지만 영혼은 그렇지 않을 것이라고 말한다.

자연과학적 사고는 이것을 다른 방식으로 뇌와 몸으로 나눈다. 전 축구선수이자 우리 시대의 위대한 철학자인 로타르 마테우스Lothar Matthäus는 자신을 이렇게 표현했다. "로타르 마테우스는 몸에 패배하는 것을 허용하지 않는다. 로타르 마테우스는 스스로 운명을 결정한다."

뇌가 몸을 지배하는 것처럼 생각도 그렇다. 이것이 중요하다. 뇌는 심지어 몸이 없어도 생각할 수 있다.

괴테의 『파우스트 2』에는 인공적으로 창조된 인간, 호문쿨루스Homunculus가 등장한다. 호문쿨루스는 유리 안에서만 살 수 있다. 그는 생각하고 느끼고 말할 수 있지만, 몸은 없다. 빛나는 작은 난쟁이! 한 번도 본 적이 없는 난쟁이!

유리관 안의 뇌.

그 아이는 조언을 구하여 생성되고 싶어하네.
내가 듣기로, 그 아이는
참으로 놀랍게도 반쪽짜리로 세상에 왔다더군.
정신적인 특성에서는 결여된 바가 없지만,
이렇다 할 유용성은 전혀 없다네.
무게가 나가는 건 지금까지 저 유리가 전부라,
어떻게 해서든지 우선 육체를 얻고자 하지.

여담으로 하나만 말하자면, 이것은 아마도 괴테가 각운과 음절 수를 맞추기 위해서 만들어낸 'verkörperlichen육체를 얻다'라는 동사가 등장하는 유일한 문헌일 것이다. 일반적으로는 다소 웃기게 들리는 'verkörpern육체화되다'라는 동사만으로 충분하다. 또한 이것을 'verknorpeln뼈가 되다', 'verkalken굳어지다', 'vertrocknen건조되다'처럼, 점진적으로 완성되어가는 과정을 표현하는 동사로 이해하기도 한다.

코로나19 팬데믹이 끝난 뒤, 우리는 모두 과체중과 육체적 증상에 집착하고, 정신뿐 아니라 육체적으로도 지치고 망가진 모습을 보임으로써 완벽하게 '육체화'되지 않았던가?

어떤 식으로든.

괴테의 문장에서 감동적인 부분은 육체를 원하는 호문쿨루스의 갈망이다. 유리 안의 뇌는 육체 없이 살고 싶어하지 않는다. 이것으로 괴테는 알 수 없었지만 오늘날 우리는 이미 알고 있는 사실에 도달한다.

"뇌의 핵심 임무는 무엇인가?" 미국의 심리학자 리사 펠드먼 배럿Lisa Feldman Barrett은 『이토록 뜻밖의 뇌과학』에서 이렇게 묻고 다음과 같이 답한다. "뇌의 핵심 임무는 이성이 아니다. 감정도 아니다. 상상도 아니다. 창의성이나 공감도 아니다. 뇌의 가장 중요한 임무는 몸을 제어하고 몸의 알로스타시스를 해내는 것이다."

그런데 '알로스타시스Allostasis'가 도대체 뭐지?

쉽게 말하자면 이것은 스트레스 같은 외적 자극에 몸이 적응하는 것을 말한다. 펠드먼 배럿은 뇌가 매우 복잡한 몸의 작업을 조절한다고 말한다. 뇌는 600개 이상의 근육을 조율하고, 수십 가지 호르몬을 조절하며, 하루에 약 7,500리터의 혈액을 온몸에 공급한다. 또한 세포 수십억 개에 에너지를 공급하고, 음식을 소화하고, 노폐물을 배설하고, 질병과 싸운다. "몸의 회계는 다국적 거대기업의 회계와 비슷하고, 당신의 뇌는 그 일을 능숙하게 해낸다." 그것은 뉴런 1280억 개로 짜인 "거대하면서도 유연한 독보적 구조"의 네트워크이다.

이것은 또한 몸이 없으면 뇌의 고유 임무도 없다는 뜻이다. 뇌는 육체를 얻어야 한다. 그렇지 않으면 너무 지루할 것이다.

그러나 이것은 다시 뇌와 몸을 분리하고, 뇌를 자아의 자리로 보는 것은 옳지 않음을 의미한다. 또한, 몸을 뇌의 부하쯤으로 보는 것도 옳지 않다.

미국의 철학자 알바 노에Alva Noe는 『뇌 과학의 함정』에서 "우리는 우리의 뇌가 아니다"라고 말한다. 나는 이 책에서 다음과 같은 내용을 읽었다. "뇌는 우리를 존재하게 만드는 요소 가운데 하나이다."

노에는 우리가 의식이라고 부르는 것을 포괄적으로 관찰하고, "위장에서 소화가 진행되는 것처럼 머리에서 의식 과정이 진행된다"는 기존의 생각을 반박한다. 의식이 있다는 것은 "깨어 있고, 활동하며, 주의를 기울인다"는 뜻이다. 이것은 결코 뇌 혼자 만들어내는 상태가 아니다. "뇌와 몸과 세계의 협력"이 필요하다.

이것은 내가 몸을 '가진' 것이 아니라 내가 곧 몸이라는 뜻이다.

그래서 흥미로운 관점이 생겨났다. 우리 시대에 몸이 새로운 중요성을 띠게 된 것 같다. 피트니스, 웰빙, 트레이닝, 화장, 성형수술을 통한 신체 변형 등, 곳곳에서 몸의 중요성을 이야기한다. 이는 거대한 산업으로 발전했다.

심리상담사 아드리안 뮐레바흐Adrian Mühlebach는 『몸이 곧 나다Der Körper, der ich bin』에 "그러나 이것은 몸을, 느끼고 생각하고 움직이는 주체로 인정하지 않고, 설계하고 최적화하고 아름답게 가꾸고 단련할 수 있는 객체, 돈을 벌 수 있는 수단, 소비 영역으로 인식하는 것"이라고 썼다. 이런 관점에서 보면, 몸은 여전히 뇌에 종속되어 합리적 명령을 따른다.

하지만 정말 그럴까?

물론, 뇌는 여러 측면에서 몸에 영향을 미칠 수 있다. 하지만 어떤 측면에서는 그럴 수 없다. 몸은 명령에 따르는 존재 그 이상이다. "몸은 내 삶의 현현"이라고 뮐레바흐는 말한다. "나는 몸을 통해 살고 느끼고 생각하고 인식하고 행동하고 기억한다. 모든 일화와 함께 나의 일생이 몸에 저장된다."

일반적으로 몸은 우리가 원하는 모습이 아니다. 뮐레바흐는 "우리가 평생 대면하고 다뤄야 하는 실체"라고 말한다.

자아가 강한 현대인은 이런 생각을 받아들이지 못한다. 자신이 무언가를 결정할 수 없다는 사실을 인정하기가 어렵다. 그래서 한편으로는 성공적인 현대의학과 약학의 세계가 탄생했고, 다른 한편으로는 끊임없이 뭔가를 갈망하는 욕망의 영역이 탄생했다. 후자의 영역에서는 사람들이 삶의 모든 고단함을 아름답게 포장할 뿐 아니라 자신의 코를 예쁘게 고치고, 런닝머신 위에서 목적지 없이 열심히 달리고, 고급 호텔에 묵으며 비싼 진흙탕에 몸을 담그고, 음식 사진을 공유한다. 이 영역에서 오늘은 한 영양 전문가가 빵을 먹으면 혈당 스파이크가 생기므로 조심해야 한다고 말하고, 내일은 올리브오일의 폴리페놀 함량과 그것이 우리 몸의 세포구조에 미치는 영향을 열심히 읽는다.

우리는 끊임없이 신체를 최적화하라는 요구를 받는다. 그리고 우리가 충분히 현명하게 행동한다면, 뇌에 제어되는 몸은 수십 년에 수십 년씩 더 오래 유지될 것이라는 설명을 듣는다.

여기서 한 가지 간과한 것이 있다. 바로 인생이다. 인생은 아무리 노력해도 우리가 결정할 수 없고, 인생의 세부 사항은 더욱 그렇다. 인생은 뇌의 통제를 받지 않는다. 그런데도 우리는 그것을 그냥 받아들이려 하지 않는다.

"인생은 항복, 되는대로 내버려두는 것, 허용, 우리의 구체적 존재를 받아들이는 것에 훨씬 더 가깝다"라고 뮐레바흐는 썼다.

반면 호문쿨루스는 왜 그토록 열정적이고 감동적으로 육체를 갈망할까?

추측하건대, 아마도 구체적인 것을 느끼고 싶기 때문일 것이다. 만지고 만져지는 촉감, 이른 아침 노르딕 워킹을 할 때 살갗에 닿는 이슬방울, 윌리엄 터너의 그림 감상, 갓 내린 커피의 향기, 헤드에이크의 음악, 아내의 목소리, 책장 넘기는 소리. 다른 신체와의 접촉. 피부와 피부. 섹스. 하지만 또한 바르셀로나에서 넘어져 갓돌에 무릎을 부딪히는 고통, 소홀히 대했던 치아가 일으킨 통증, 이탈리아에서 칼에 베인 고통. 세상과의 대면. 세상의 진부함과 아름다움, 역겨움과 온갖 현상은 오로지 몸으로만 경험할 수 있기 때문이다.

몸 없이 어떻게 하겠는가?

몸은 인생을 전체적으로 보라고 끊임없이 요구한다. 인생은 아름다우면서도 역겹고 우리를 고통스럽게 할 수 있다는 사실을 명심하라고 이야기한다. 우리는 몸에 좋은 일을 할 수 있고, 몸이 적절히 기능하도록 살 수 있으며, 몸의 기계적 특성을 볼 수 있다. 아니, 그렇게 해야만 한다.

하지만 지금 여기서 몸을 더 큰 무언가의 일부로, 몸이 상호작용하고 우리가 통제하지 못하는 어떤 세계의 일부로 이해한다면 어떨까? 눈에 보이지 않는 거미들이 우리 몸에 살고 있고, 피부 원자의 가장 바깥쪽 전자가 우리 주위를 떠다니고, 내부에는 왕국을 세운 수십억 미생물의 도움을 받아 우리가 브로콜리나 한때 돼지였던 소시지 등 다른 생명체를 소화하는, 이 거대한 생태계의 한 입자로 우리의 몸을 이해하면 어떨까?

나는 두통을 증오했고, 목발을 짚고 런던을 돌아다녀야 하는 현실에 괴로워했다. 포경으로 힘들었던 나날을 생각하면 아직도 부모님이 원망스럽다.

하지만 인생에 그런 어려움이 하나도 없을 거라고 믿는 사람이 있을까? 이런 신체 문제들이 인생을 전체적으로 보게 하는 것 아닐까? 그 덕분에 우리가 삶의 의미를 이해하는 것 아닐까? 그 덕분에 삶이란 무언가를 끊임없이 욕망할 뿐 아니라, 받아들이고 감내하고 인정하는 것임을 깨닫는 게 아닐까?

정말로 우리는 늘 행복하기를 바랄까? 아니면 그것이야말로 우리의 오류이자 인생을 '두뇌화'하는 것일까? 자신의 존재를 전체적으로 이해하는 것, 즉 지독한 두통을 겪은 후에야 비로소 고난에서 벗어나는 길을 발견하고, 몸을 무시하면 고난이 찾아올 수밖에 없음을 깨닫는 것이 더 중요하지 않을까? 우리에게는 어떤 권리도 없지만, 그것을 인정하는 순간 오히려 다양한 가능성이 열린다는 사실을 이해하는 것이 더 중요하지 않을까?

어쨌든 나는 생각만큼 그렇게 많이 감당하지 못한다는 것을 배우고 받아들여야 했다.

내 인생에서 가장 말도 안 되는 사건이 몇 년 전 어느 아침에 볼차노에서 일어났다. 혹시 내 책 『우리가 존재하는 이유Wozu Wir Da Sind』를 읽어보았는가? 나는 주인공인 발터 베무트를 통해 그 사건을 소개했었다. 분명 아직 읽어보지 않았을 테니 여기에 다시 소개하겠다.

당시 나는 엄청난 스트레스를 받고 있었고, 일을 너무 많이 했으며, 끔찍한 사건으로 자녀 한 명과 손자 한 명의 생명이 위태로운 상태였다. 전날 저녁에 나는 남티롤의 기자들을 대상으로 강연을 했고, 그다음에는 기자들과 술을 마시며 이야기를 나누었다. 예의상 그렇게 해야 한다고 생각했기 때문이다.

아침에 호텔에서 눈을 떴다. 나와 동행한 아내는 욕실에 있었다. 그리고 어느 순간부터 설명하기 어려운 방식으로 느낌이 이상했다. 볼프강 삼촌이 늘 아름답게 표현했던 것처럼 "두려움 같은 어떤 감정"이었다. 나는 아내를 불렀다.

아내는 말할 수 없이 세심하고 다정하게, 여기가 어디고 어제 무엇을 했으며 나의 자녀와 손자가 어떤 상태인지 아느냐고 물었다.

아무것도 기억나지 않았다.

아내는 내 이름과 아버지의 이름, 내가 언제 어디서 태어났는지 물었고, 자기가 누군지 알겠냐고도 물었다.

그건 전부 기억했다.

아내는 응급의를 불렀다.

나는 창가로 가서 밖을 내다보며 말했다. "여기가 볼차노구나."

그다음 빠르게 일이 진행되었다. 응급의, 구급차, 깜박이는 파란 불빛, 뇌졸중 의심, 병원, 검사, 귀가, 또 검사. 의사, 의사, 의사.

검사 결과: 크게 걱정할 필요 없는 무해한 사건. 일과성 완전기억상실, TGA, 영어권에서는 '해변 기억상실'이라고도 불리는데, 차가운 물에 뛰어든 다음 일시적 단기 기억상실이 발생할 수도 있기 때문이다. 늦어도 24시간 이내에는 회복된다. 내 경우에는 두 시간 후에 괜찮아졌다. 응급의가 구급차 안에서 이 점을 언급하며 뇌졸중 같지는 않다고 말했다. 나는 마음이 편해져서 농담도 했다.

큰 스트레스로 인해 뇌의 일부가 고장 났다. 스트레스가 너무 컸던 탓에, 뇌가 부분적으로 작동을 멈추고 에너지 효율 모드로 들어갔다. 거대한 상황실의 중요한 컴퓨터가 과부하로 인해 꺼진 것과 같았다. 과거가 없고 미래의 불확실함과 두려움만 존재하는 치매의 세계를 잠시 경험한 것 같았다.

나는 나 자신에 대한 통제력을 거의 완전히 잃었었다.

혼자였더라면 어땠을지 감히 상상할 수도 없다.

무엇을 해야 할지 알고 정확히 그대로 따른 아내가 곁에 없었더라면, 어떤 혼란을 겪었을까?

나는 나락을 보았다. 그런 나락을 보지 않고 살 수 있을까? 물론이다. 하지만 우리의 인생은 때때로 우리의 몸을 나락으로 이끈다. 그러면 그 안을 살펴보는 것이 좋다. 여기서 더는 계속할 수 없음을 깨닫는 유일한 방법이기 때문이다.

심장

나는 지금 고향 마을 외곽의 작은 공동묘지에서 있다. 예전에는 동네의 작은 묘지였지만, 마을이 시로 통합되면서 지금은 시립 공동묘지가 되었다.

부모님, 조부모님, 대부인 볼프강 삼촌, 그리고 볼프강 삼촌의 장모님이 여기에 묻혀 있다. 이곳 어딘가에는 큰할아버지 윌리와 큰할머니 앨리스의 유해도 있다.

두 사람에게는 자녀가 없었고, 볼프스피츠 종의 개 한 마리뿐이었다. 필요하면 감자도 먹는 무던한 품종이라 전후에 인기를 끌었다. 두 사람은 외곽에 작은 주말농장이 있었고 볼프스피츠 동호회에 속해 있었다. 동호회 얘기를 할 때는 늘 '애견인'이라는 표현을 썼다. 누구누구가 애견인이라거나 애견인과 어딜 다녀왔다는 식이었다.

큰할머니는 뭔가 특이한 면이 있었다. 목소리가 크고, 입이 작고 뾰족했으며, 언제나 잘 정돈된 머리에 말끔한 차림이었다. 어쩐지 흡연이 어울릴 것 같았지만 비흡연자였다. 큰할아버지는 열쇠공이었고, 언제나 쓰리피스 양복에 넥타이를 매고 빨간색 금속노조 배지를 달고 다녔다. 이따금씩 나에게 마을 상점에서 10페니히짜리 담배를 사 오라고 심부름을 시키면서 거스름돈은 가져도 된다고 했다.

두 사람의 묘비는 이제 없다. 말했듯이 두 사람에게는 자녀가 없었고, 볼프스피츠는 무덤 관리에 관심이 없다. 그들의 무덤이 평평하게 사라질 것을 알았을 때, 나는 다른 친척들보다 더 슬펐다. 지금 그들의 안식처 앞에 설 수 있다면 얼마나 좋을까. 나는 두 사람을 좋아했었다. 하지만 그 자리에는 이제 내가 모르는 다른 사람이 누워 있다. 큰할아버지와 큰할머니도 모르는 사람이다. 큰할아버지와 큰할머니는 나의 할아버지가 시장으로 있었고, 나중에 시로 통합된 내 고향 마을의 주민이 아니었다. 그들이 이곳에 있는 친척을 자주 방문한 덕분에 그 친척들이 큰할아버지와 큰할머니의 무덤을 돌봤다.

나의 아버지와 할아버지는 서로 몇 걸음 떨어진 곳에 잠들어 있다. 할아버지는 1969년에 75세의 나이로 세상을 떠났다. 아버지는 1994년에 73세의 나이로 세상을 떠났다.

둘 다 갑자기 사망했고, 사망 원인이 같았다. 심장마비였다. 사실 죽기에 좋은 방법인 것 같다. 그보다 더 나은 방법은 밤에 잠들어 아침에 깨지 않는 것뿐이지만 우리에게 선택권은 없다.

할아버지는 지방의회 모임을 마치고 집에 오면 종종 화를 내며 욕을 뱉었다. 어느 날, 할아버지가 집에 돌아왔을 때, 대문이 닫혀 있어 집 앞의 아름다운 벚나무 아래에 서 있다가 쓰러졌는데, 다시는 일어나지 못했다.

아버지는 은행에 들렀다가 차를 타고 이동 중이었다. 첫 번째 신호등에서 멈췄고, 그때 그의 심장도 함께 멈췄다. 아버지가 쓰러지면서 가속페달을 밟아 차는 교차로를 가로질러 채소가게를 덮쳤다. 다행히 아버지 외에는 아무도 다치지 않았다. 사방으로 내동댕이쳐지는 채소를 아버지는 전혀 보지 못했을 것이다. 봤더라면 마음이 편치 않았으리라.

당시에는 몰랐지만 아버지는 며칠 전부터 몸이 좋지 않았고, 자주 토했으며, 이미 진료 예약을 잡아둔 상태였다. 아버지는 아마도 몸이 안 좋을 때면 항상 했던 "느낌이 없어"라는 말을 그때도 어머니에게 했을 것이다. 이것은 "몸이 안 좋다"는 뜻으로 아버지만의 관용어였다.

그러나 그것은 단순한 관용어가 아니었다. 내 생각에, 그것은 아주 좋은 표현이었다.

아버지는 느끼지 않았다.

나는? 오늘 나는 여기 묘지에서 아버지를 느낄 수 있나?

심장

그가 살아 있는 동안에도 나는 그를 느끼지 못했고, 멀찍한 거리에서 탐탁지 않은 기분으로 보기만 했다. 육체적인 의미에서 느끼지 못했다는 말이다. 나는 아버지가 육체적으로 나와 함께 있었을 때보다 오늘 아버지를 더 많이 느끼는 것 같다. 어쩌면 그저 착각일 수도 있지만. 어쩌면 그렇게 되길 바라는 것일지도 모르지만. 밀접하게 연관된 내 기억과 상상 속에서 아버지는 내가 만들어낸 인물일 수도 있는데, 아무튼 실제 아버지와 비슷하지만 똑같지는 않다.

아버지는 심장마비의 징후를 모두 갖고 있었다. 지금은 잘 알려진 증상들이지만, 당시에는 아니었다.

아버지와 할아버지가 모두 심장 때문에 사망했다는 사실이 종종 나를 괴롭혔고, 지금도 그렇다. 나는 아버지의 표현대로 갑자기 픽 쓰러진대도 개의치 않는다.

하지만 73세는 좀 이른 것 같다. 그렇지 않은가?

할아버지가 담배를 피웠던가? 기억나지 않는다. 아버지는 수십 년 동안 굴뚝처럼 담배 연기를 내뿜었고, 아버지도 스스로 그렇게 말했으며, 어머니도 똑같이 애연가였다. 어머니는 71세에 뇌졸중으로 돌아가셨다. 친구들이 놀러왔을 때, 연기로 가득 차 있던 거실을 기억한다. 거실 커튼은 칙칙한 황톳빛으로 변하다가 1년에 몇 번씩 욕조의 시커먼 때 국물에서 헤엄치고는 다시 새하얀 모습으로 창문에 돌아왔다.

부모님의 폐는 청소가 불가했고, 심장 주변의 혈관과 뇌로 향한 혈관이 어떤 모습이었을지도 상상이 된다. 두 사람은 어떤 운동도 하지 않았다. 아버지는 온종일 사무실에 앉아 있었다. 건강한 식습관과는 당연히 거리가 멀었다. 아버지는 자신이 아는 음식, 즉 독일식 소시지와 고기 같은 것만 먹었다. 1980년대에 이탈리아 식당에 같이 갔을 때, 아버지는 메뉴판에서 자신이 아는 유일한 음식인 과일샐러드만 주문하고 그 외에 메뉴는 어린아이처럼 완강히 거부했다.

나는 가끔 거울을 보며 아버지와 닮은 점을 찾아보곤 한다. 겉모습만 보면 우리는 꽤나 가깝다. 그러나 아버지는 68세에 이미 노인이었다. 나는 아니다. 물론 나만의 착각일 수도 있다.

나는 아버지보다 머리카락이 더 많지만, 우리가 나란히 서 있으면 누가 봐도 가족임을 알 수 있다. 또한, 오랫동안 앉아 있다가 이따금 짧게 몸을 구부리고 걷는 모습처럼 몇몇 동작도 유사하다. 반면에 아버지는 새 고관절을 두 개나 가졌었지만, 나는 고관절 문제가 전혀 없다. 그리고 아버지처럼 배가 나오지도 않았다. 어젯밤에 맥주를 길게 한 모금 마신 다음 아버지처럼 아랫입술로 윗입술을 핥는다는 사실을 처음 알았다.

소름이 돋았다.

아버지가 살아 있을 때 더 가까워지고 싶었기 때문에, 지금 내가 자꾸 유사점을 찾으려 노력하는 걸까? 아버지의 사망 방식을 자주 되뇌는 것이 마침내 육체적으로 그와 가까워지려는 기이한 시도일까? 아니면 죽음에 대한 두려움 때문에 몰두하는 걸까? 73세에, 하필이면 채소가게에서 생을 마감하고 싶지 않아서 아버지를 닮기 싫은 걸까? 아버지가 가장 좋아하는 채소는 돼지기름을 듬뿍 넣어 갈색이 나도록 오래 볶은 양배추였다.

어쨌든 나는 73세에 기꺼이 채소가게에 들러 점심거리를 살 것이다.

담배는 시험 삼아 피워본 게 전부고 좋아하지도 않는다. 파이프와 시가를 피워봤는데, 혀와 구강에서 악성 종양이 자라는 느낌이 들었다.

약 20년 전, D교수는 내 혈압이 살짝 높다는 사실을 발견했다. 그는 운동을 더 많이 하고, 견과류를 먹고, 스트레스를 줄이라는 등 이런저런 지시를 내렸다. 이때 내가 백의증후군을 앓고 있다는 사실을 알게 되었는데, 그것은 의사를 보자마자 혈압이 올라가는 증상을 말한다. 사실 D교수는 항상 나를 진정시켰지만, 그도 흰 가운을 입고 있었다. 어느 날 그는 나를 심장 전문의에게 보냈다. 심장 전문의는 24시간에 걸쳐 내 혈압을 측정했다. 나는 15분마다 부풀어 오르며 팔뚝을 압박하고 활기차게 윙윙거리는 혈압측정기를 밤낮으로 팔에 착용했다.

그 이후로는 발사르탄이라는 순한 혈압약을 복용하고 있다. 그 결과, "동맥성 고혈압이 잘 조절됨"이라고 심장 전문의가 기록했다. 그럼에도 나는 아버지의 표현대로 "심장에 뭔가 이상이 있으면" 곧바로 심장 전문의에게 갔다. 가끔 숨이 가쁘고 불규칙하게 뛰는데, 장기 심전도 검사를 하면 아무 이상이 없다. 자주 현기증이 나는데, 그럴 때는 매트 위에 서서 마음을 진정시킨다. 나는 항상 의사의 말에 집중한다. 의사가 기록한 내용은 읽지 않는다. 읽더라도 '정상'과 '낮음'이라는 단어만 찾는다.

'뇌에 공급되는 혈관의 **경미한** 동맥경화증'. 좋다!

'좌심실의 수축기 및 이완기 기능 **정상**'. 아주 좋다!

그런데 이건 뭐지?

'경계성 대동맥 근위부 **확장증**'. 충격과 좌절!

때로는 예상치 못한 문구가 아름답게 빛을 낸다.

'경동맥 혈류 **정상**'. 정말 아름답지 않은가?

몇 년 전 심장 CT를 찍었다. D교수와 함께 화면에 뜬 내 심장의 내부를 보았다. 아, 아버지가 자신의 심장을 봤더라면 얼마나 좋았을까. 아니, 차라리 안 보는 게 나았을까? 아스팔트 아래 뿌리혹처럼, 혈관 벽에 납작한 혹이 몇 개 보였다. D교수는 나이로 볼 때 정상이라고 말했다. 이 역시 아름다운 말이다. 모든 수치가 노인 코호트의 평균 수준에 있지만, 아슬아슬하게 평균을 넘기 직전에 있다. 꿀꺽(긴장의 침 삼킴).

이제는 예방 차원에서 콜레스테롤을 낮추는 스타틴을 복용하고, 혈류 개선을 위해 최소 용량의 ASS 덱셀 75를 복용한다. 납작한 혹의 이름은 플라크이다. 심장마비가 발생하기 전에 이런 혹이 터지고, 그러면 혈관에 상처가 생기면서 이것을 닫기 위해 혈액이 혈전을 만들고, 이런 혈전이 멀리까지 흘러가 심장 주변의 혈관 하나를 막을 수 있다.

어떤 자료에서 나는 이 혈전을 '피 케이크'라고 표현한 것을 읽었다. 피 케이크! 프랑크푸르트 크란츠, 건포도 치즈케이크, 사과케이크, 그런 거.

D교수는 나의 콜레스테롤 수치가 중국의 쌀 농사꾼 수준으로 낮다며 거의 환호하듯 말했다.

끊임없는 측정과 검사, 내 몸의 서류화 덕분에 나는 시계만 있으면 언제든지 맥박을 확인할 수 있게 되었다. 안정 시 심박수는 48이다. 이것을 위해 운동을 하고, 운동을 해서 이렇게 되었다. 60세에서 90세 사이에 이 정도는 정상이다. 어렸을 때 연방청소년대회에서 명예상을 받았을 때처럼 나는 이것을 자랑스럽게 여긴다.

심전도 역시 언제든 측정할 수 있다. 하지만 긴장감만 늘리기 때문에 거의 하지는 않는다. 응급의인 내 친구 M은 "검사를 많이 받을수록 검사받을 일이 더 많아진다"고 말한다. 나는 일을 하다가도 가끔 가만히 앉아, 심장이 얼마나 기적 같은 기관인가 감탄한다. 심장은 하루 평균 10만 번 뛰고, 평생 동안 쉬지 않고 혈액 1만 리터를 혈관에 펌핑한다. 펌프펌프, 펌프펌프, 펌프펌프. 심장은 평생 약 30억 회를 뛴다.

18세에 이런 생각을 하는 사람은 아무도 없다. 나중에 나이가 들면 누구나 한다.

나는 오랜 친구들을 만났다.

한 친구는 심장마비로 자전거에서 떨어졌는데, 운 좋게도 그곳은 심장 전문병원 바로 앞이었다. 심장 전문의가 아래층으로 달려가 그를 구했다. 그는 현재 인공심장 박동기를 부착하고 있다.

또 다른 친구는 갑자기 책상에서 문까지 걸어갈 수 없을 것 같은 이상한 기분이 들어 119를 불렀다. 즉시 구급차가 왔고, 검사를 받았다. 의사들은 우회술이 필요할 것 같다고 했다. 하지만 전부 막혔는데 어디로 우회한단 말인가? 결국 스텐트 아홉 개. 이제 그는 절대 흥분하면 안 된다.

또 다른 친구는 우리 집에서 저녁 식사를 마치고 집으로 돌아가는 길에 몸이 좋지 않았다. 곧 괜찮아질 거라고 생각했지만 나아지지 않았다. 집에 도착하여 응급의를 불렀고 심장마비 등이 의심되어 병원으로 실려갔다. 그러나 심장마비가 아니라 갑자기 좌심실이 더는 정상적으로 기능하지 않는 상심증후군, 이른바 브로큰하트신드롬이었다.

참으로 아름다운 병명이 아닌가! 이 병의 원인은 스트레스다. 그 친구는 얼마 전 뇌종양 제거 수술을 받았다. 스트레스라는 표현은 적절하지 않다. 물론 지금은 모든 것이 괜찮아졌다. 말할 때 발음이 약간 부정확하지만, 오히려 다정하게 들린다. 상심증후군은 기쁨이 폭발한 후에도 발생할 수 있는데, 이런 경우에는 해피하트신드롬이라고 한단다. 그렇다고 상황이 더 나은 건 아니다.

천국 문 앞에서 베드로가 묻는다. "어떻게 죽었습니까?"

"해피하트로!"

역시, 평정심이 가장 좋다.

네 번째 친구는 종종 슈타른베르크 호수를 헤엄쳐 건너곤 했다. 어느 날 호수 한복판에서 아주 이상한 느낌을 받아서 겨우 호수를 건넜다. 얼마 후, 그는 돼지로부터 새로운 심장 판막을 이식받았다. 그 후 극동의 외딴 섬으로 여행을 떠났다. 그곳에서 훨씬 더 이상한 느낌을 받았고, 마지막 힘을 끌어모아 뮌헨으로 돌아왔다. 박테리아가 심장 판막을 먹어치웠다. 현재 그는 플라스틱 심장 판막을 가졌는데, 가슴에 귀를 대면 딸깍딸깍 소리가 난다.

요즘은 이런 이야기를 일주일에 한 번꼴로 듣는다.

심장 전문의가 기록한 내 의료 보고서에는 "긍정적 가족력(아버지 SCD)"이라고 적혀 있다. 의사들이 긍정적이라고 말하는 것이 사실은 부정적인 것을 의미한다는 게 이상하지 않은가? SCD는 Sudden Cardiac Death의 약자로, 심장 돌연사를 의미한다.

말했듯이, 더 나쁜 일이 있다.

하지만 그 사실이 마치 뭔가 나쁜 일이 생길 것처럼 나를 괴롭힌다.

왜 그럴까?

내 몸이 가족처럼 종말을 맞이하여 육체적으로 과거에 따라잡히는 두려움 때문일까?

나는 어려서부터 고향에서 멀리 떨어져 살았다. 고향의 나쁜 점에 관해서는 할 말이 없지만, 그곳을 떠난 나에 대해서는 할 말이 아주 많다. 아버지는 은행원이었고, 참전군인이었으며, 공무원이었다. 아버지는 전쟁 때 말고는 고향을 떠난 적이 없다. 나는 기자였고, 전쟁이 끝난 이후에 군복무를 했으며—아버지처럼 6~7년이 아닌 겨우 1년 6개월—프리랜서이다. 첫 번째 기회가 왔을 때 곧바로 고향을 떠났다. 나는 작가이고, 우리 집에서는 처음으로 그런 직업을 가졌다. 내가 첫 번째 책을 냈을 때, 아버지는 어머니에게 물었다. "하케는 그 책이 어디서

났대?" 어머니도 몰랐다.

"미쳤어?!" 작가가 되기 위해 안정적인 신문 기자직을 그만뒀을 때 아버지가 살아 계셨더라면, 분명 이렇게 말했을 것이다. 아버지는 소심하고 검소한 사람이었다. 돈을 대하는 나의 태도는 아버지와 비교하면 대담한 편이다. 하지만 돈이 없을 때는 나역시 당연히 소심해진다. 돈이 좀 생기면, 그냥 쓴다. 그러다가 돈이 없어지면, 아버지가 그 옛날 그랬던 것처럼 다시 소심해진다.

나는 익숙한 불안감으로 다시 돌아가기 위해 돈을 마구 써버리는 걸까?

그리고 말했듯이 우리의 몸은 서로 비슷하다.

아버지가 전쟁에서 몸을 다치지 않았고, 지금까지 살아 계셔서 현대의 음식, 지식, 의료 서비스를 누릴 수 있다면, 아버지도 나처럼 몸을 주의 깊게 대할 것이다. 내가 내 몸, 그러니까 나를 대하는 방식이 바로 그것이다. 주의 깊게. 그렇지 않은가?

나는 작은 공동묘지에 서 있다. 나의 발밑에는

가족의 뼈, 또는 수십 년이 지난 후에도 여전히 남아 있을 유해가 있다. 내 몸은 여기에 묻히지 않을 것이다. 곧 이곳을 떠날 테니까. 여길 다시 오게 될지는 모르겠다. 뮌헨의 흙에 사는 바이에른 벌레들이 결국 나를 분해할 것이다.

비가 온다. 빗방울이 내 머리 위로 떨어진다. 그것을 손가락으로 털어낸다.

이상하게 나는 비가 좋다. 오늘 아침에는 폭우 속에서 한 시간 정도 노르딕 워킹을 하고 기분 좋게 돌아왔다. 비가 오면 내 몸이 세상을 느낀다.

나는 느낀다.

내 몸은 여기서 자랐지만, 더는 여기에 속하지 않는다. 이제는 그것을 명확히 안다. 그러나 우리가 아는 원자 지식이 사실이라면, 내 주변 어딘가에 아버지, 어머니, 삼촌의 일부가 있을 수도 있다. 우리는 존재하기 전에 온 세상에 입자로 흩어져 있었고, 죽으면 다시 입자가 될 것이다. 오직 지금 짧은 과도기 동안만 생명과 의식을 가진 몸으로 존재한다.

먼 훗날 나의 일부가, 아마도 내 기억의 일부인 작은 입자가 비를 타고 이 작은 공동묘지에 내려올지도 모른다. 그리고 이곳의 흙에 섞이는 것도 충분히 상상할 수 있다.

다시는 이곳에서 살고 싶지 않았고, 다른 곳에서 내 자리를 찾았음에도 이런 상상이 내게 위안이 되는 것 같다.

감사의 글

출간되기 한참 전에 이 책의 원고를 읽은 한 친한 친구가 이렇게 말했다. "의사 친구가 참 많구나 싶었어." 맞는 말이다. 여기에 언급된 의사 대부분이 수십 년 동안 나를 진료했고, 나는 그들과 좋은 관계를 이어가고 있다. 그들은 나를 보면 항상 반가워하는 것 같고, 나 역시 그들 덕분에 기쁘다.

나는 남들보다 병원에 자주 간다. 그렇지 않았다면 이 책을 쓸 수 없었을 것이다. 그리고 지난 수십 년 동안 나를 보살펴준 사람들과 좋은 관계를 발전시켜왔다. 나는 관계를 중요시 여기므로 좋은 관계를 맺기 어려워 보이는 의사를 만나면, 그냥 병원을 옮겼다.

또한, 수십 년 전에 사보험을 들었던 것도 도움이 된 것 같다. 젊었을 때 한 보험 판매원의 적극적인 권유로 가입했고, 매달 엄청난 보험료를 내면서 종종 후회하기도 했지만, 지금은 보험의 유익한 결과를 어느 정도 즐기고 있다. 나는 여러 면에서 특권을 누리고 있는데, 나를 작가로 알고 있는 의사가 많은 것도 한몫했다. 이 상황을 바꿀 수도 없고 바꾸고 싶지도 않다.

그래서 이 자리를 빌려, 일부는 정당했고 일부는 쓸데없던 나의 걱정들을 오랜 세월 성공적으로 보살펴준 모든 의사, 치료사, 신체 및 정신 건강 전문가에게 감사드린다. 나는 이 책에서 그들의 이름을 언급하지 않았고, 심지어 이니셜도 변경하여 저자로서 어느 정도 자유롭게 인용했다.

앞으로도 계속 잘 부탁드립니다!

내 심장 전문의가 그러는데, 아내가 무자비하게 등을 떠밀어 억지로 병원에 온 덕분에 목숨을 구한 남자들이 더러 있다고 한다. 아마 나도 그중 한 명일 것이다. 아내가 없었다면 나도 병원 방문을 기피하고, 매우 중요했던 진료를 몇 차례 놓쳤을 것이다. 그래서 진심으로(심장의 심이 아니라 마음의 심을 뜻한

다) 아내에게 감사하다. 내 건강에 관심을 쏟은 것뿐 아니라 원고를 읽고 토론해준 것도 감사하다. 아내가 없었다면 이 책은 존재하지 않았을 것이다. 아내 없이 내가 존재할 수 있을까? 모를 일이다….

훌륭한 의사로서 수십 년 동안 많은 생명을 구한, 나의 오랜 동창 마르쿠스 비르볼이는 이 책을 위한 의학적 조언을 주었다. 그에 대해 감사를 전한다. 또한, 여느 때처럼 좋은 의도로 내 글을 비판해준 슈테판 포스트피쉘에게도 감사를 표하고 싶다. 나의 책을 읽어주고 언제나 내게 용기를 주었던 오랜 친구 안드레아스 레베르트에게도 감사하다. 앞으로도 계속 나에게 용기를 주길 바란다.

그리고 나의 친구이자 에이전트인 마르셀 하르트게스 그리고 내 책의 발행인인 자비네 그라머에게도 감사를 전하고 싶다.

앞으로도 계속 더 많은 책 부탁드립니다!

참고문헌

Ansgar Beckermann, *Das Leib-Seele-Problem*, utb, 2011.

Kai-Michael Beeh, *Die atemberaubende Welt der Lunge*, Heyne, 2018.

Claudia Benthien, *Haut*, Rowohlt, 2001.

Jörg Blech, *Leben auf dem Menschen*, Fischer Taschenbuch, 2015.

Hartmut Böhme; Bernd Kordaß; Beate Slominski, *Das Dentale*, Quintessenz Verlag, 2016.

Hartmut Böhme; Beate Slominski, *Das Orale*, Wilhelm Fink, 2013.

Jean Clair, *Le Nez de Giacometti*, Gallimard, 1992.

알랭 코르뱅 저/주나미 역, 『악취와 향기』, 오롯, 2019.

리사 펠드먼 베럿 저/변지영 역, 『이토록 뜻밖의 뇌과학』, 더퀘스트, 2021.

Johannes Frasnelli, *Wir riechen besser als wir denken*, Molden, 2022.

지그문트 프로이트 저/김석희 역, 『문명 속의 불만』, 열린책들, 2020.

에곤 프리델 저/변상출 역, 『근대문화사』, 한국문화사, 2015.

Annaka Harris, *Conscious*, Harper, 2019.

Fritz von Herzmanovsky-Orlando, *Der Gaulschreck im Rosennetz*, Residenz, 1983.

Annick le Guérer, *Les pouvoirs de l'odeur*, Odile Jacob, 2002.

Thomas Mann, *Die Entstehung des Doktor Faustus. Roman eines Romans*, Fischer Taschenbuch, 2012.

David B. Morris, *The Culture of Pain*, University of California Press, 1993.

Adrian Mühlebach, *Der Körper, der ich bin*, Hogrefe, 2023.

알바 노에 저/김미선 역, 『뇌 과학의 함정』, 갤리온, 2009.

Michel Onfray, *L'art de jouir*, Hachette Livre Bnf, 2021.

미셸 옹프레 저/이아름 역, 『철학자의 뱃속』, 불란서책방, 2020.

Robert R. Provine, *Curious Behaviour*, Belknap Press, 2014.

필립 로스 저/정영목 역, 『포트노이의 불평』, 문학동네, 2014.

Frank Sommer/Oliver Bertram, *Das Men's Health Penis-Buch*, Südwest, 2018.

Gerhard Staguhn, *Der Penis-Komplex*, Zu Klampen, 2017.

Uwe C. Steiner, *Ohrenrausch und Götterstimmen*, Wilhelm Fink, 2012.

KI신서 13564
재채기하다
갈비뼈가 부러졌을 때
깨달은 것들

1판 1쇄 인쇄 2025년 4월 30일
1판 1쇄 발행 2025년 5월 14일

지은이 악셀 하케
옮긴이 배명자
펴낸이 김영곤
펴낸곳 ㈜북이십일 21세기북스

인생명강팀장 윤서진 **인생명강팀** 박강민 유현기 황보주향 심세미 이수진 이현지
디자인 표지 Atto **본문** 푸른나무디자인
마케팅팀 남정한 나은경 한경화 권채영 전연우 최유성
영업팀 한충희 장철용 강경남 황성진 김도연
제작팀 이영민 권경민

출판등록 2000년 5월 6일 제406-2003-061호
주소 (10881) 경기도 파주시 회동길 201(문발동)
대표전화 031-955-2100 **팩스** 031-955-2151 **이메일** book21@book21.co.kr

ISBN 979-11-7357-274-6 03850

(주)북이십일 경계를 허무는 콘텐츠 리더

21세기북스 채널에서 도서 정보와 다양한 영상자료, 이벤트를 만나세요!
페이스북 facebook.com/21cbooks   포스트 post.naver.com/21c_editors
인스타그램 instagram.com/jiinpill21   홈페이지 www.book21.com
유튜브 youtube.com/book21pub

서울대 가지 않아도 들을 수 있는 명강의! 〈서가명강〉
서가명강에서는 〈서가명강〉과 〈인생명강〉을 함께 만날 수 있습니다.
유튜브, 네이버, 팟캐스트에서 '서가명강'을 검색해보세요!

* 책값은 뒤표지에 있습니다.
* 이 책 내용의 일부 또는 전부를 재사용하려면 반드시 (주)북이십일의 동의를 얻어야 합니다.
* 잘못 만들어진 책은 구입하신 서점에서 교환해드립니다.

사람과 삶에 관한 따뜻한 이야기는 **21세기북스**

유혜주, 조정연 저
《우리는 사랑 안에 살고 있다》

김규남 저
《기어코 반짝일 너에게》

남디디 저
《내일도 흔들릴 나에게》

김형석 저
《김형석, 백 년의 지혜》

양유진 저
《고층 입원실의 갱스터 할머니》